せいのめざめ

益田ミリ
武田砂鉄

河出書房新社

突然ですが
金玉の話です

男子の下半身に
それが存在していることは
知っていても、

一体どういうものなのかは
ずいぶん謎のままでした

そうです
10代は性の謎の中に
あるのです

性の謎というのは
一度に解けるもの
ではなく、

コツコツと
情報を集めてきて

自分なりに
組み立て、理解して
いかなければなりません

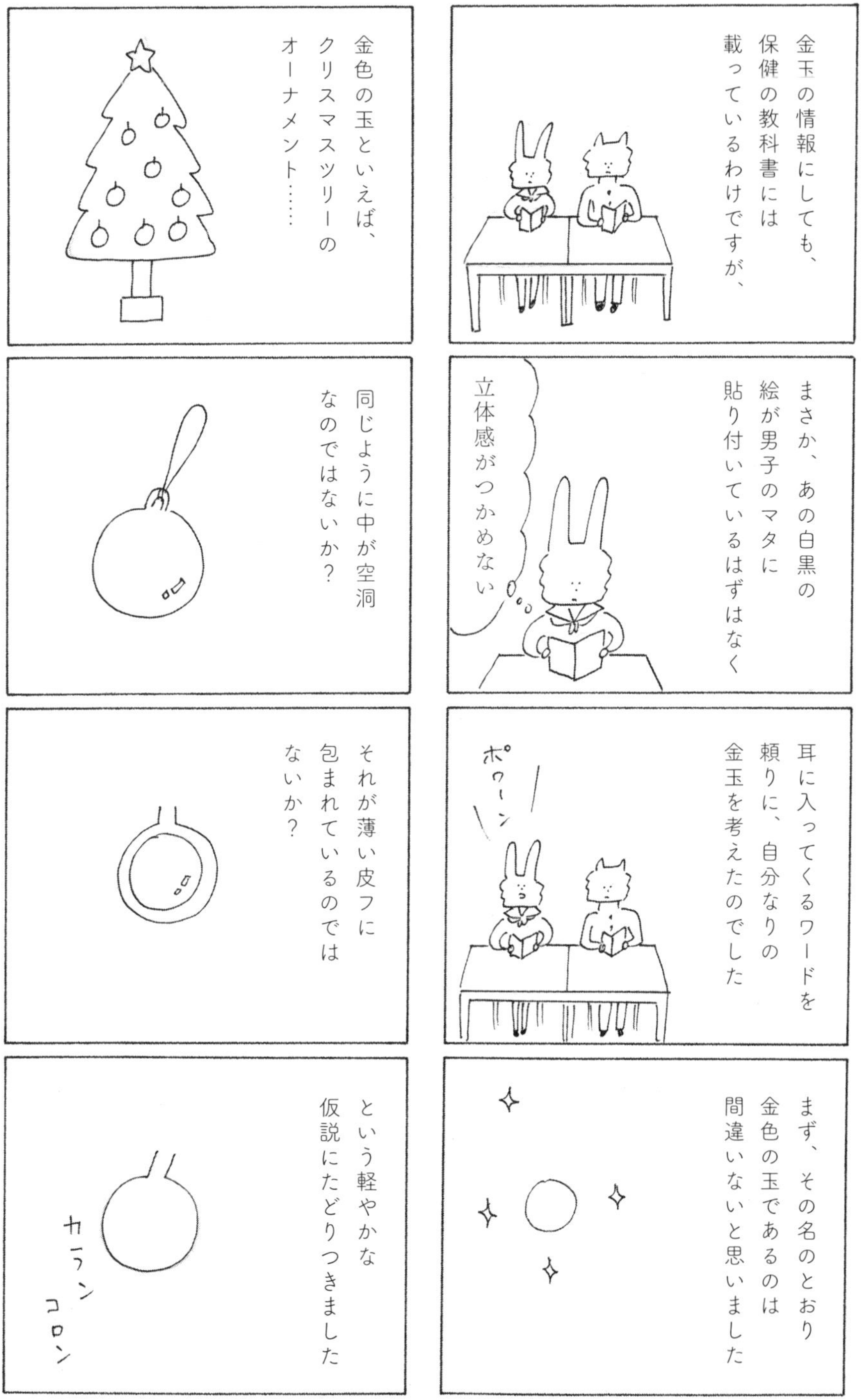
金玉の情報にしても、保健の教科書には載っているわけですが、
まさか、あの白黒の絵が男子のマタに貼り付いているはずはなく
立体感がつかめない
耳に入ってくるワードを頼りに、自分なりの金玉を考えたのでした
ポワーン
まず、その名のとおり金色の玉であるのは間違いないと思いました
金色の玉といえば、クリスマスツリーのオーナメント……
同じように中が空洞なのではないか？
それが薄い皮フに包まれているのではないか？
という軽やかな仮説にたどりつきました
カラン
コロン

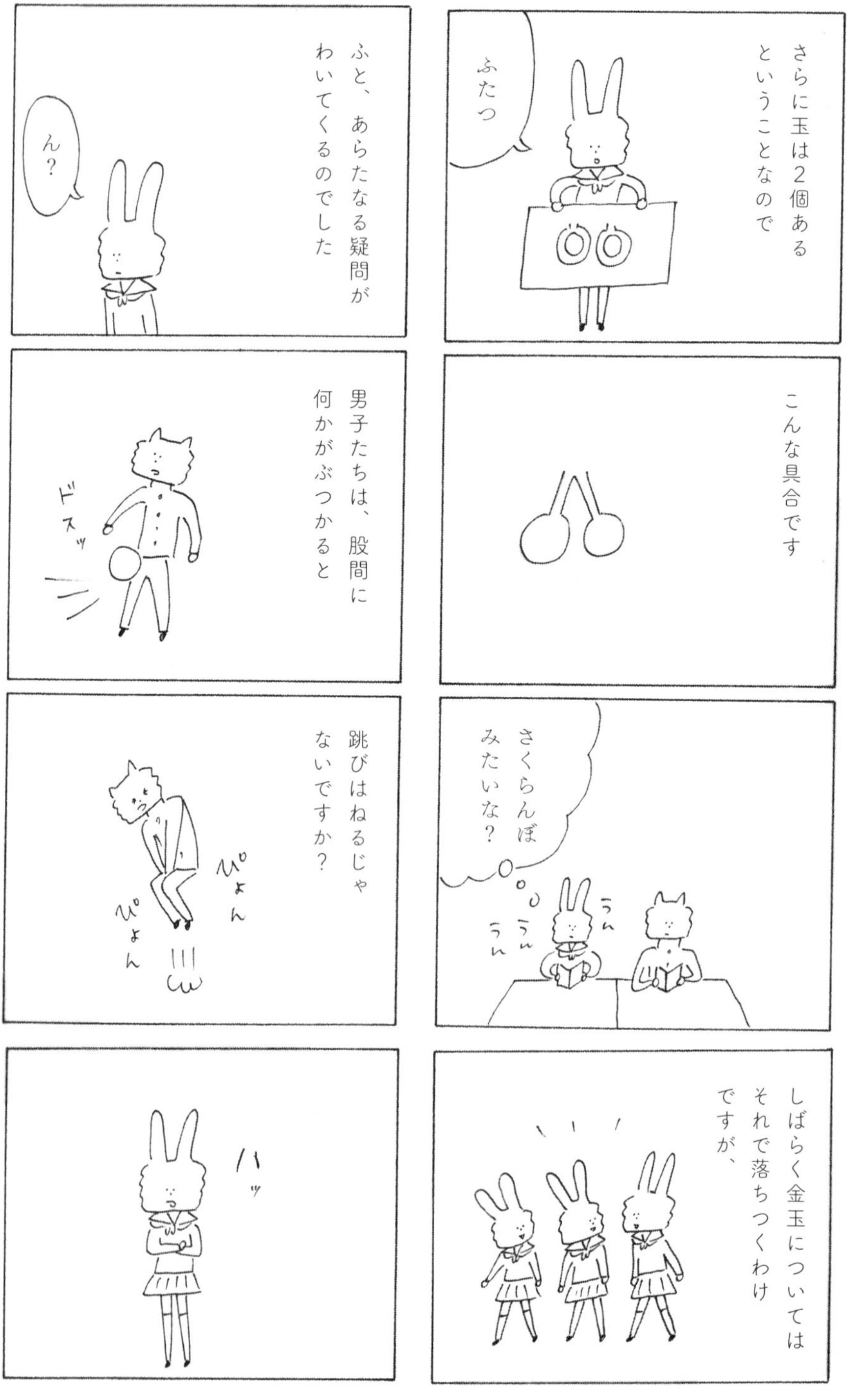
さらに玉は2個ある
ということなので
ふたつ
ふと、あらたなる疑問が
わいてくるのでした
ん？
こんな具合です
男子たちは、股間に
何かがぶつかると
ドスッ
さくらんぼ
みたいな？
うん
うん
うん
跳びはねるじゃ
ないですか？
ぴょん
ぴょん
しばらく金玉については
それで落ちつくわけ
ですが、
ハッ

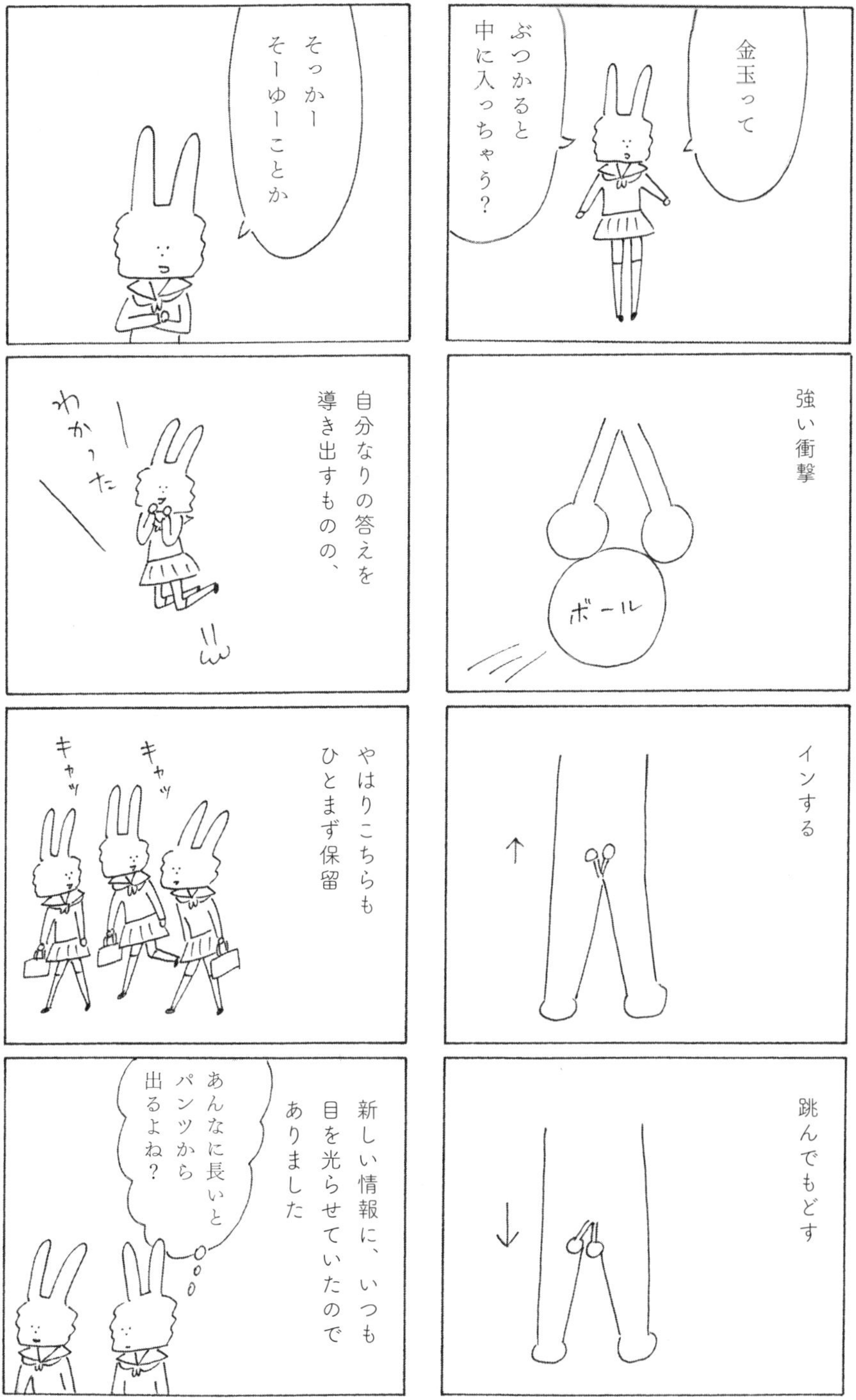
金玉って
ぶつかると
中に入っちゃう？
強い衝撃
ボール
インする
跳んでもどす
そっかー
そーゆーことか
自分なりの答えを
導き出すものの、
わかったー
やはりこちらも
ひとまず保留
キャッ
キャッ
新しい情報に、いつも
目を光らせていたので
ありました
あんなに長いと
パンツから
出るよね？

せいのめざめ　もくじ

はじめに

10代の「性」の知識は自由です。

自由、かつ、大胆不敵。

保健体育の教科書には、正しいことが書かれています。男女のからだのしくみ。どのような流れで赤ちゃんができるのかということ。

ちゃんと書いてあるのです。図解だって載っていました。テストでは、その図解に「卵巣」だとか、「海綿体」だとか、覚えて穴埋めしていたはずなのです。

なのに、一方では、それらをまるっきり無視。独自の解釈で「性」を理解しようとする、のびやかさがありました。

教科書で見た睾丸《こうがん》の図解は、〈わたし〉のフィルターを通すと、クリスマスツリーのオーナメントみたいに、キラキラしたものになっていました。別称の通り、金色の玉に違いない。そう信じていたのです。

同じ頃、男子たちは「性」にたいして、いったいどんな自由な大間違いをしていたのでしょうか？
そのあたりは、武田砂鉄さんのコラムで解き明かされていくことでしょう。

益田ミリ

子宮

中学校の男子トイレには三人か四人は横に並べる大きな鏡があって、休み時間のたびにイケてる奴らが数名で占拠、人差し指に整髪料をつけて前髪をちょこちょこ微調整していた。繰り返し微調整することですっかり前髪がパキパキに固まっているようにも見えたけれど、仕上がりよりも微調整しているオレたちに酔いしれていたのだと思う。

いたずらに果敢な今井君が、案山子《かかし》のように手を広げ、「ウィーーン」や「ギュイーーン」といった安っぽい機械音を発して、大きな鏡の前に入り込んでいった。前髪微調整部隊が「ウゼェ」という顔をする。その様子を、少し離れたところから見て笑い転げていたこちらに対しても「ウゼェ」という顔を向けてくる。前髪微調整部隊は「ウゼェ」の同調で仲間意識を育んでいた。そういうところがウザかった。

その前の授業は、保健体育の時間。だから、今井君が何を真似ているのかはすぐに分かった。子宮。女性器。教科書で見たその図解イラストだ。

僕たちには、股間にダラリンとしたモノが諸々《もろもろ》ついているが、女の子には何もついていない。そんなことはとっくに知っていたけれど、その〝奥行き〟がどんなものなのかは漠然としたまま。だから、仲間内でも個々人が言及することを避けていた。あそこの話でガサツに盛り上がっても、具体像が問われる展開になるとはぐらかす。はぐらかし合っているることをそれぞれが自覚していたからこそ、一定の恥じらいが保たれていたし、深入りしなかった。

教科書で知ったその姿は、思いのほか、シュッとしていた。ある程度の強風に耐えている案山子のよう。秘められている、というより、それは悠然としていた。こっちはダラリンとしているのに、あっちは身構えている。直前の授業で抱えてしまった動揺を面白い方向に弾けさせることで払拭しようと試みた今井君は、男子トイレで子宮のモノマネを披露、という道を選んだ。

前髪微調整部隊が撤収すると、広げた両手の先をちょっと丸めて揺らしながら、ところでここは何をするところなんだろうね、と今井君が言う。男子は、ダラリンとしているところがピンとなって、固くなった時点で挿す。それは何となく知っている。その後が、というか、内部構造が分からない。保健体育の教科書で唐突に披露された図解。あの両サイドの丸みは、何をするところなのか。動揺を即席モノマネで解消しようとした今井君は引き続き興奮状態にあり、「挿すとウィーンって中心に出てくるんじゃないか」との分析を投げてきた。彼よりも少しは冷静だったこちらは、それはさすがにいい加減だろうと今井理論を即座に退けた。

今井理論には続きがあった。こちらのダラリンには、その下というか裏っかわに、二つの製造拠点がある。同じように、女の子は、中にその製造拠点を設けているという。「ズドーンって入ってきたときに、あの両サイドの丸いところが、よっしゃ出番だ、って移動していくわけさ」

「じゃあ、なんで二つあるの。代わりばんこってこと？」

「どっちかはあんまり出ていかないみたいなルールがあるのかもしれない」

「何それ？」

「それは人それぞれだろうよ。リスクだってあるわけだし」

「リスクって何？」

「それも人それぞれだろうよ」

ことごとく、いい加減な答弁が続く。しかし、そのいい加減さを指摘できる知識をこちらも有していない。図解で示された、「とにかく奥のほうがけっこうなんか大変なことになっている」という事実との向き合い方が分からない。こっちは単純、あっちは複雑。となると、あっちが大人びて見える。ダラリンをわざわざピンとさせて、こっちから向かっていく側と、こっちを悠然と待ち構えている側。待ち構えているあっちの構造が分からない。そんなあっちが怖い。

今井君は時折、子宮のモノマネをしながら廊下を走るようになった。それを子宮だと知っている人はごくわずかで、怪訝な顔で今井君を見つめる女子たちを見ながら笑う。オレたちは子宮を知っているんだぞ、という浅はかな自負。皆さんのアレ、マネしちゃってるんだからね、という優越感と背徳感。

子宮のイラストはとにかくシュッとしていた。隣り合う自分たちのイラストはダラリンとしている。あれ、もしかしてその、男と女が「やる」って状態は、「さあ、いくぞ」よりも「さあ、いらっしゃい」ってほうが偉いんじゃないか。設けられていた偉い、偉くないという判断基準が情けないけれど、あの図解イラストを見てから、しばらくそういう尺度を頭の中で戦わせていた。

鏡の前で前髪をちょこちょこ微調整していた人たちには、仲良くしている女の子がたくさんいて、彼女たちは押し並べてキャピキャピしていた。そのキャピキャピと前髪パキパキは、もしかしてそういうこと、つまり図解の詳細を知っているのかなと思ったけれど、こちらは、ウィーンウィーンと動き出す今井君を笑いながら追いかける立場をいつまでも脱しなかったから、あの図解について、とにかく適当な検討だけが続いた。うやむやな検討を対外的に発表することは憚《はばか》られたし、仲間内でも牽制し合うことに躊躇《ためら》いが生じ始めた。分からないままにしようという雰囲気が醸成された頃、今井君は子宮のモノマネをしなくなったし、後々その史実を問うても、そんなことしてないと頑なに否定するようになった。

〈小〉のしくみ

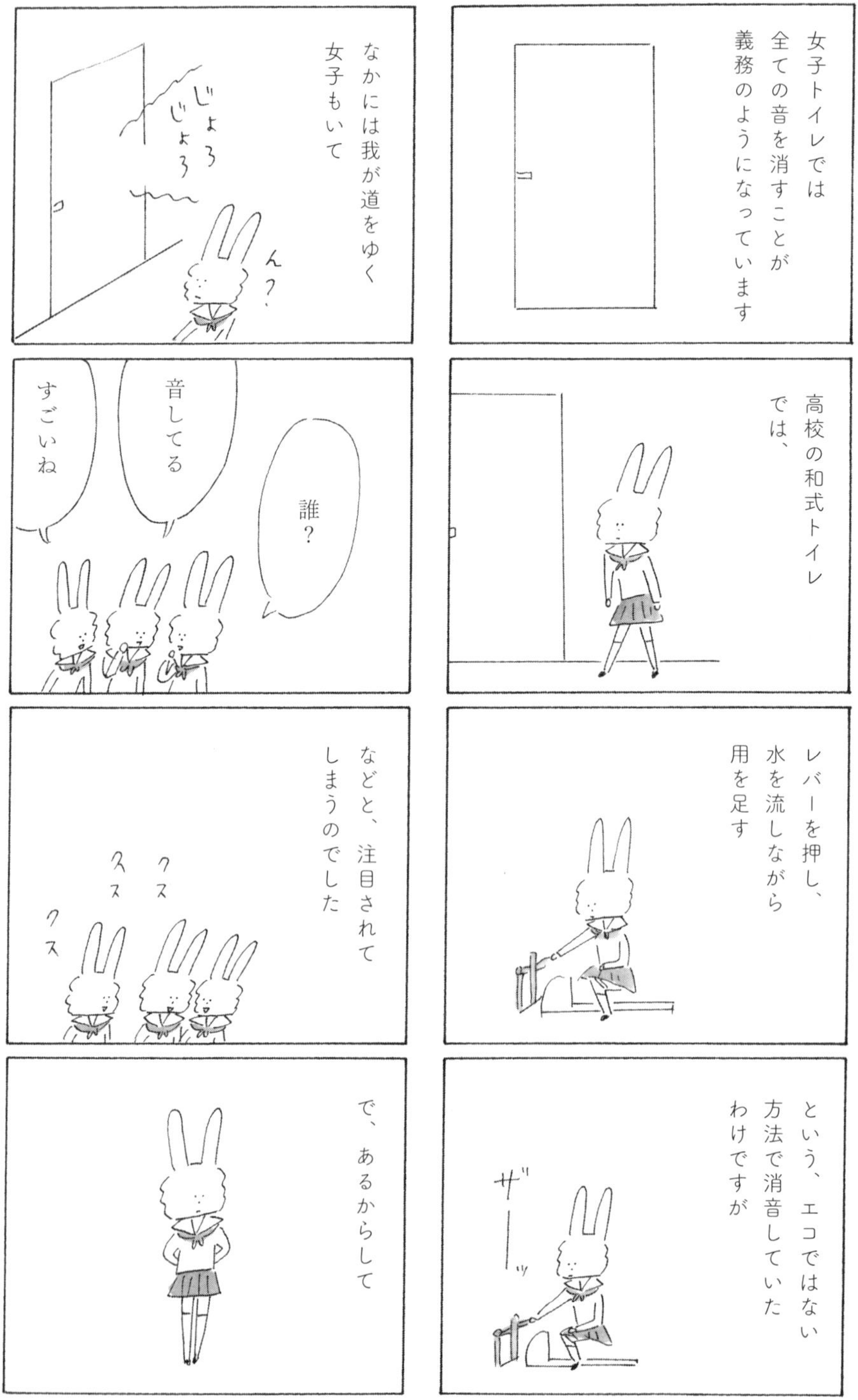
女子トイレでは
全ての音を消すことが
義務のようになっています
高校の和式トイレ
では、
レバーを押し、
水を流しながら
用を足す
という、エコではない
方法で消音していた
わけですが
ザーッ
なかには我が道をゆく
女子もいて
じょろじょろ
ん？
誰？
音してる
すごいね
などと、注目されて
しまうのでした
クスクス
クス
で、あるからして

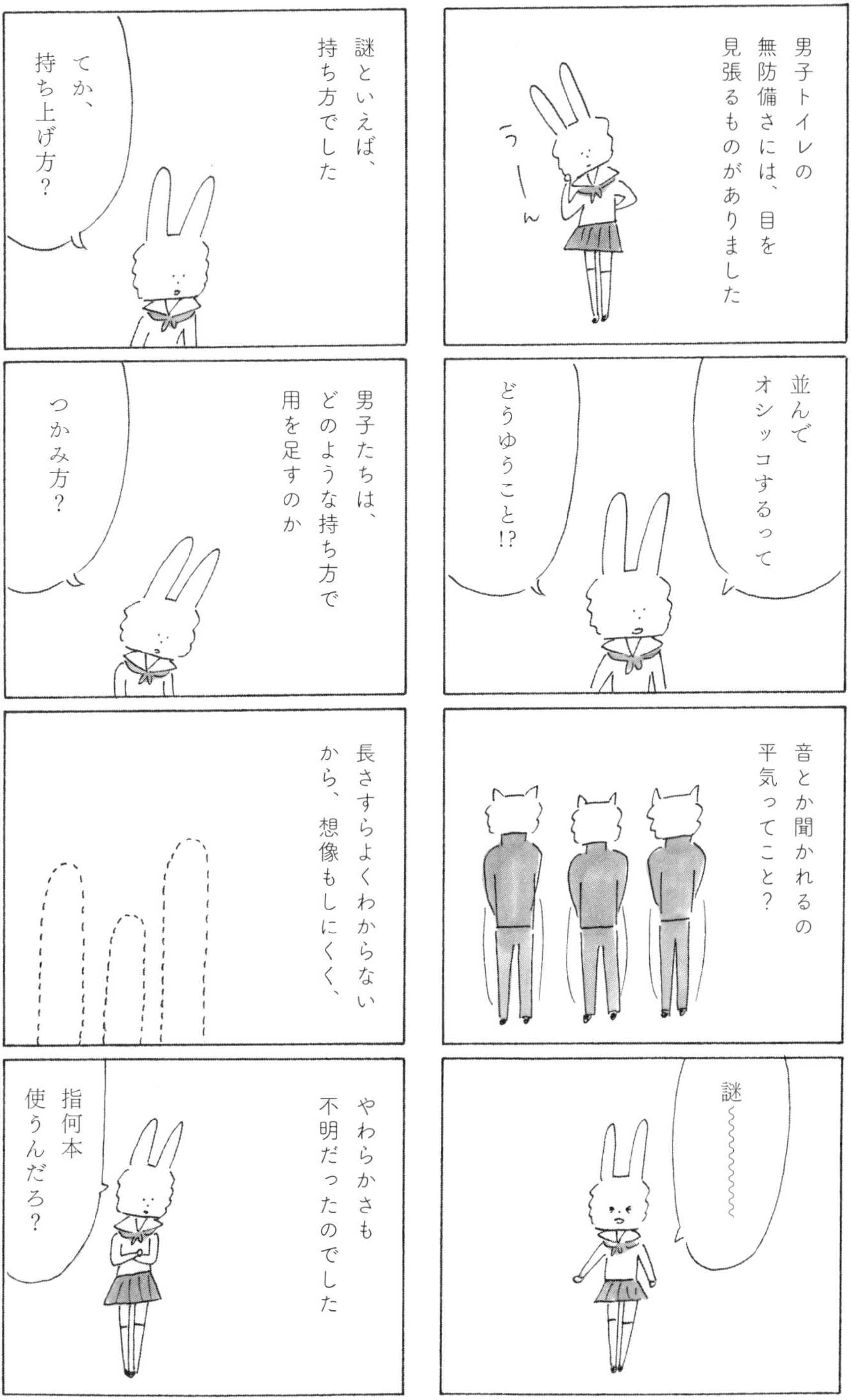

男子トイレの無防備さには、目を見張るものがありました
うーん
並んでオシッコするって
どうゆうこと!?
音とか聞かれるの平気ってこと？
謎〜〜〜〜〜〜
謎といえば、持ち方でした
てか、持ち上げ方？
男子たちは、どのような持ち方で用を足すのか
つかみ方？
長さすらよくわからないから、想像もしにくく、
やわらかさも不明だったのでした
指何本使うんだろ？

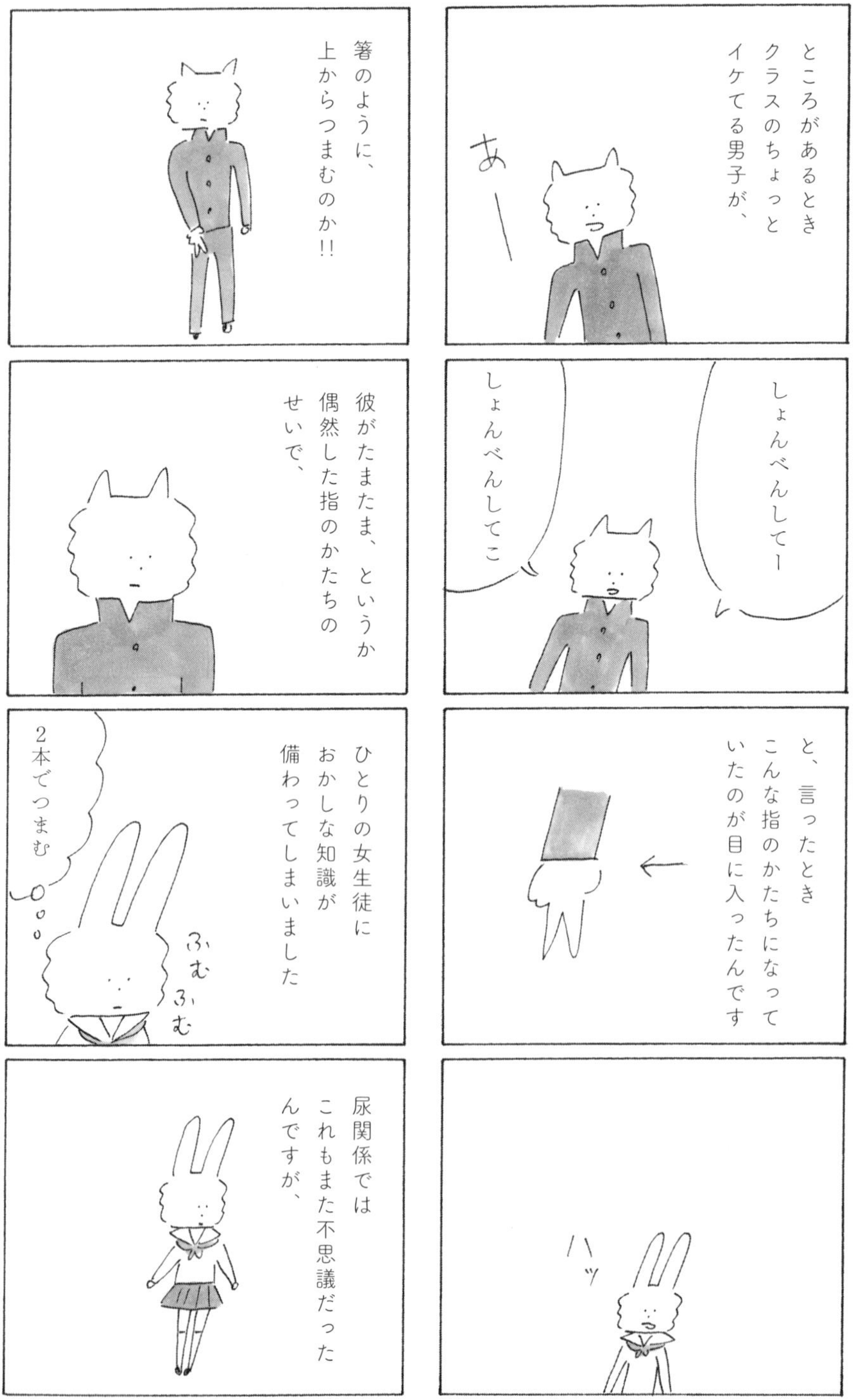
ところがあるとき
クラスのちょっと
イケてる男子が、
あー
箸のように、
上からつまむのか!!
しょんべんしてー
しょんべんしてこ
彼がたまたま、というか
偶然した指のかたちの
せいで、
と、言ったとき
こんな指のかたちになって
いたのが目に入ったんです
ひとりの女生徒に
おかしな知識が
備わってしまいました
ふむ ふむ
2本でつまむ
ハッ
尿関係では
これもまた不思議だった
んですが、

男子って〈小〉のあと、
拭かなくていいわけ？
女子は拭かないと大変なことになるので、
うーん
男子の〈先の方〉はどのようになっているのか知りたかったのですが
見たい……
とある休み時間、
あのさ
友達が言ったんです
あたしらのオシッコってさー
どこから出てるかわかんないよね～
アハハ
たしかに!!
男子のしくみだけでなく、己のしくみすら謎だったのでした
股全体からにじみ出るんじゃないの？

股間にボールが当たる

今なら相当な問題に発展するはずだが、中学校のある日の授業で、男性教師が「毎月やってくる女性の生理。毎朝剃らなければいけない男性のひげ剃り。果たしてこのどちらが大変なのでしょうか。いかがでしょう、皆さん。そんなの、分かりませんよね」という話をした。このたとえ話は、女子についての諸々を知らない、そもそも、諸々の毛が生え揃っているわけではない男子にとっては、比較を理解しようと試みる入り口すら見つけられないたとえ話だった。でも、女子は揃って、薄汚いものを見るような目を教師に向けていたから、彼がとてつもなく間違った見解を投じたことは把握できた。ふとしたときに顔を出す性の話題について、いつも少しずつ周りから置いていかれる気がした。知らないくせに、置いていかれたくはないという気持ちは強く、だからこそ、率先して性の話題を提示するようになる。

小学生のときには、うんこを踏んだらうんこマン、バスで吐いたらゲロピーマン、泣いたら泣き虫マン、ズボンが破ければビリビリマン、とあだ名がつく。直面した苦境がそのままあだ名となり、一世風靡しては下火になる、という繰り返しを重ねていたのはどこの小学生でも同じだろう。

中学生になると、なかなかうんこを踏まなくなり、バス酔いもしなくなる。泣くのをこらえるようになる。こうなると中学生男子の「一世風靡」は、もっぱら股間周辺に集中する。股間が爆笑の起点になり、評判の上下降を握る。そのものに自信があればプレゼンを繰り返す。実のところ、たいして個人差はなかったに違いないのだが、プレゼンが重なることで「あいつのは大きい」という風説が男子に共有され、いや、マジで、風呂場で座っているところを後ろから見たんだけど、そしたら見えたんだよ、という流布がそれなりに信用を得ていく。あの頃、田辺君がでかいことをみんなが知っていたのではないか。みんなが知っていたけれど、本当にでかかったかどうかは知らない。田辺君は、晒される場面になかなか姿を現さなかった。

男子にしか分からない痛みとされるのが、股間に何か当たったときのあの痛み。サッカー部で控えキーパーに甘んじていた自分は、あの痛みを人の何倍も体感してきた。股間から腹部全体を覆う鈍痛の間、死にかけの蟬のように仰向けで足をバタつかせたり、蟬の抜け殻のように丸まって縮こまったりするのだが、股間が発端であるという一点において、誰も心配はしてくれず、青色吐息で絶えていく蟬を笑い飛ばすのである。

無回転シュートは軌道が読めない。無難なシュートの軌道すら危うい控えキーパーが読めるはずはない。サッカー中継を見ていて「マジかよ今の、キーパー獲れたでしょうよ」と苛立つフリーキックの大抵は無回転シュート。揺れたままこちらに向かってくるから、直前まで手を出せない。揺れながら落ちてくる。致し方なく膝で弾こうと思ったら股間、ワンバウンドで拾おうと思ったら股間、もうそのまんま股間、と、むしろ股間がボールを吸い寄せるかのよう。

フォワードが一人で攻め上がってきたときに、キーパーが果敢に突っ込んでいく特攻スタイルの守備はキーパーの真骨頂。巧みなドリブルで攻め上がるストライカーに、遮二無二倒れ込んでいく。こうなると、どうしたってボールと股間とのせめぎ合いになり、股間とボールがせめぎ合えるはずもなく、素直に股間はボールに屈する。あの鈍痛がやってくる。瀕死の蟬。蟬の抜け殻。嘲笑《ちょうしょう》。いつもの流れだ。

　球が玉に当たる。玉に球が当たる。野球のテレビ中継の場合、グラウンドに倒れ込んだキャッチャーの痛みの原因を探ろうと、スローモーションで振り返る。

「ボールが……ここで……膝頭《ひざがしら》に、いや……あー……」

　股間直撃の事実を、映像だけで知らせる。言葉では伝えられない部位なので、「これは……」「痛いでしょうね」と議論を膨らませないようにする。部活でもスポーツ中継でも、ある程度の股間鈍痛回復待ちタイムが用意される。付け加えられる解説などないので、痛む姿を静かに見守る。瀕死の蟬が再び立ち上がるのを見届ける。

　なぜ、人間をつくったとされる最初の誰かは、男の生殖器を股間にぶら下げたのだろう。なぜ、内蔵しなかったのだろう。なぜ、わざわざ生きる上でのリスクを高めたのだろう。凸が凹と重なり合って子どもが生まれるのは、図式的にもとても納得がいくけれど、ならば日頃は男も凹の状態にしておいて、相応のときに凹↓□↓凸となるような仕組みにすれば良かったはず。日頃から凸にしておいて、固い凸にしたり長い凸にしたりすることで凹と生殖活動を行なうって、解せない。

股間にボールが当たる。しばし悶絶。正ゴールキーパーならば股間に当たる前に手を出したり、足で弾いたり的確な処理ができる。球には手足で迫る。こちらは、球に体で挑んだ結果、球に玉を潰される。股間が痛んで悶《もだ》えると爆笑が約束されているから、その頻度の多さが相まって、あいつはデカいからじゃないか、と突っ込んだのは渡辺先輩だ。爆笑が更に膨れ上がっていく。

うんこがあらゆる笑いに繋がった小学生時代。その「あらゆる」を中学生時代にバトンタッチされる代表格が股間。エピソードトークに股間が絡むと笑いが約束される。でもそこには、大きい小さい、生えてる生えてない、むけてるむけていない、というデリケートな判断が投じられて、大きくて生えてむけていると、小さくて生えてなくてむけていないには、大きな格差が生じる。断絶がある。玉に球が当たる分には断絶がない。股間が平和に爆笑を生み出す。

男子だけがその身悶えを知っている。女子から、なんで男子はあんなに痛がるの、と無防備な設問が投げられる。なんでだろうねぇ、とはぐらかす。「えー、教えてよ」という積極性が仄《ほの》かにエロい。それは、股間直撃の、確かな副産物ではあった。

大きくなるって何センチ

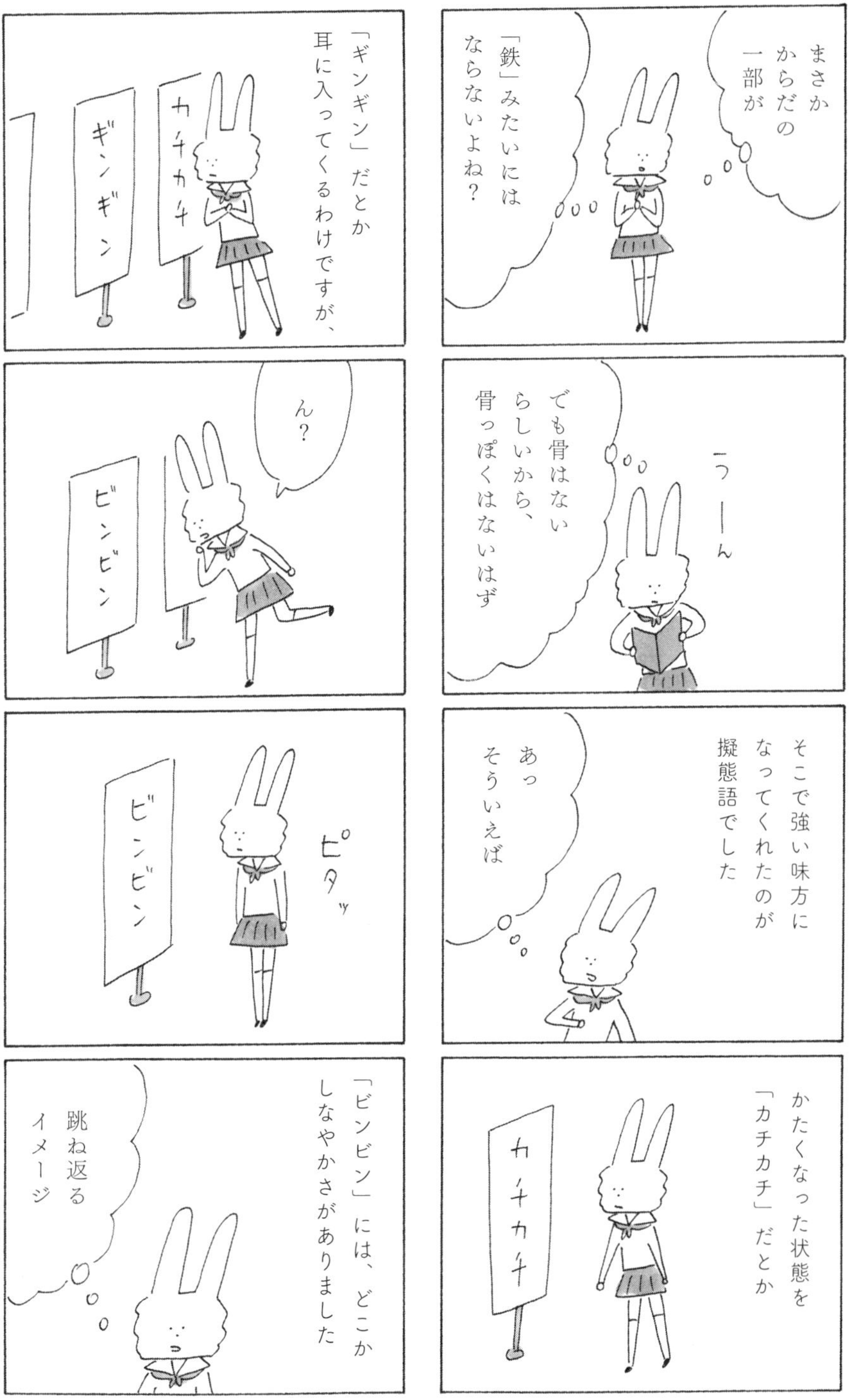
まさか
からだの
一部が
「鉄」みたいには
ならないよね？
うーん
でも骨はない
らしいから、
骨っぽくはないはず
そこで強い味方に
なってくれたのが
擬態語でした
あっ
そういえば
かたくなった状態を
「カチカチ」だとか
カチカチ
「ギンギン」だとか
耳に入ってくるわけですが、
カチカチ
ギンギン
ん？
ビンビン
ピタッ
ビンビン
「ビンビン」には、どこか
しなやかさがありました
跳ね返る
イメージ

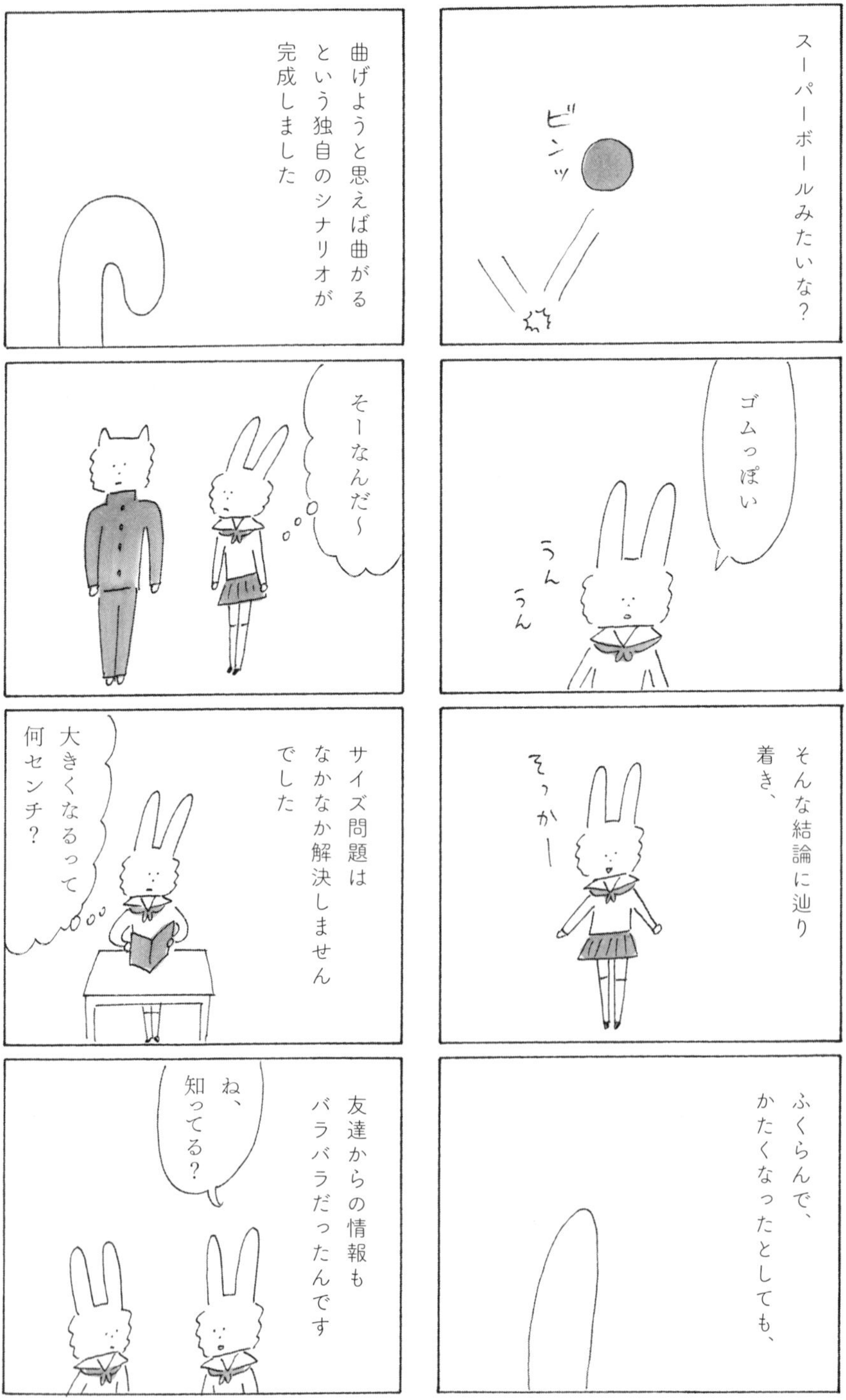
スーパーボールみたいな?
ビンッ
ゴムっぽい
うん
うん
そんな結論に辿り着き、
そっかー
ふくらんで、かたくなったとしても、
曲げようと思えば曲がるという独自のシナリオが完成しました
そーなんだ〜
サイズ問題はなかなか解決しませんでした
大きくなるって何センチ?
友達からの情報もバラバラだったんです
ね、知ってる?

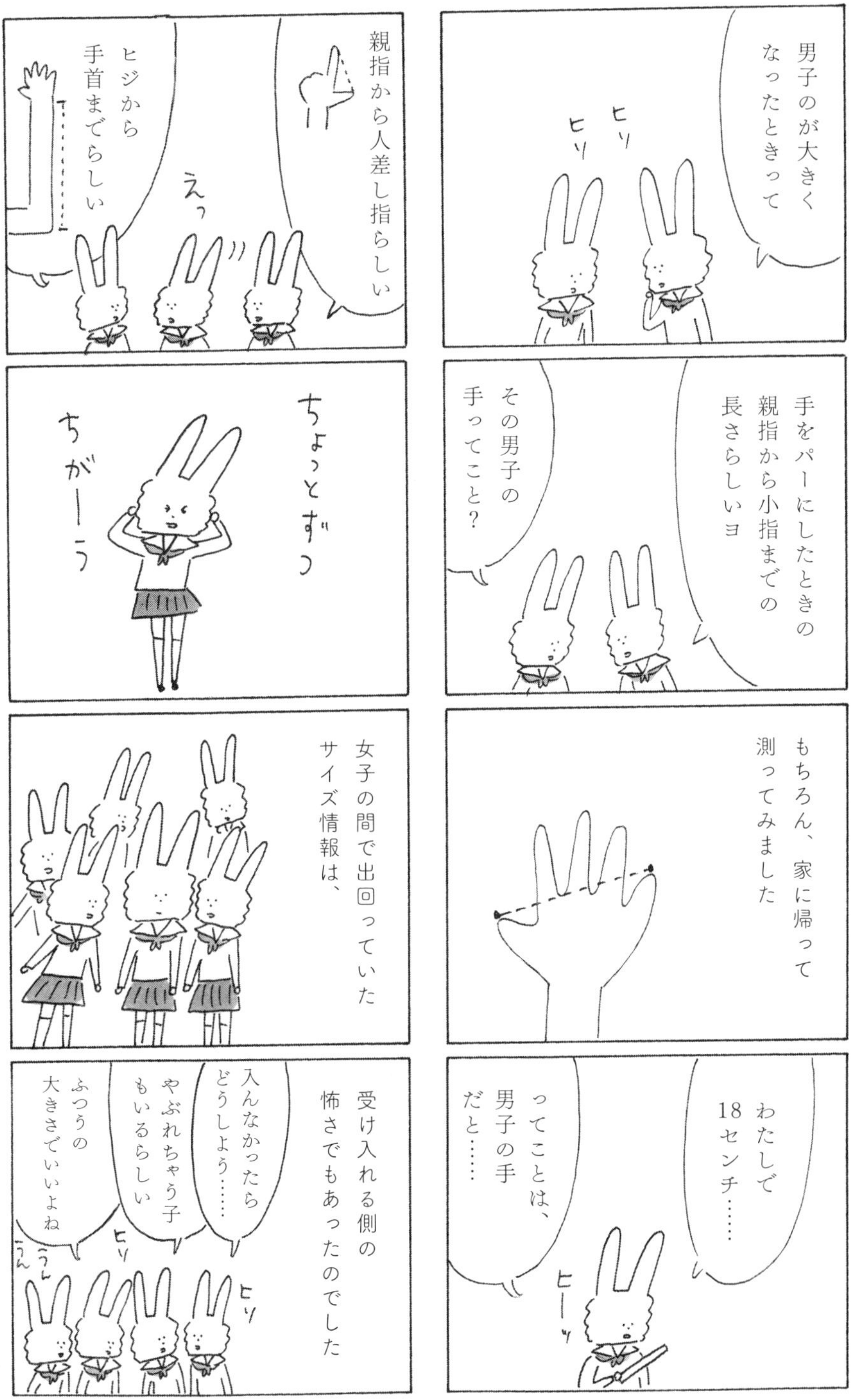
男子のが大きくなったときって
ヒソヒソ
手をパーにしたときの親指から小指までの長さらしいヨ
その男子の手ってこと？
もちろん、家に帰って測ってみました
わたしで18センチ……
ってことは、男子の手だと……
ヒーッ
親指から人差し指らしい
ヒジから手首までらしい
えっ
ちょっとずつ
ちがーう
女子の間で出回っていたサイズ情報は、
受け入れる側の怖さでもあったのでした
入んなかったらどうしよう……
やぶれちゃう子もいるらしい
ふつうの大きさでいいよね
ヒソ
ヒソ
うん
うん

隣り合ういちもつ

いちもつ、という言葉はどことなくスリリングな響きを持つ言葉だ。格式高い辞書ではなく、ポップな用例も紹介されているネット辞書で調べてみると、「1　一つの品物。また、ほんの少しのもの」「2　心中に秘めたたくらみや、わだかまり」「3　金銭のこと」「4　男根のこと」とある。嘘をついてはいけない。もはや4の意味でしか使われていないではないか。辞書が本音を隠す。辞書が恥ずかしがっている。

日常のさりげない光景を重ねていく作風で知られる監督の映画で、首をかしげたワンシーンがあって、レストランのトイレに入り、小便器で隣り合った父親と息子、父親が身を乗り出して隣の小便器を覗き込み、「おおっ、オマエもでっかくなったなぁ」と言う場面。

息子はさほど嫌がった素振りを見せていない。親子関係の距離感には色々あるけれど、息子の股間の具合をまじまじと覗けてしまうコミュニケーションなんてあり得るのだろうか。しかも気づかぬうちにでっかくなっていたという指摘なのだから、父親は子どものいちもつをしばらく見てはいなかった。もう一緒にお風呂に入るような年齢でもない。久しぶりに見られたいちもつを素直に開示したままにする息子がいるだろうか。放射を止めて身をかがめるはずだ。

廊下の真ん中か端っこに位置するトイレにわざわざ何人かで出向く連れションという風土を持つ男子の後ろ姿を見ていた女子たちは、あの人たちはどうせ、互いのいちもつを比較し査定し合っていた、とお思いかもしれないが、そんなはずがない。「親しき仲にも礼儀あり」の起源は小便器の前にある。つい立てがあるとは限らないから、見ようとしなくとも、いちもつと、いちもつから出る軌道が目に入ってくる。視界のギリギリにうっすら映り込むそれは、まじまじとは見られないので曖昧な個体記憶として脳内にインプットされる。

まったく不可思議なことに、中学生という生き物は、授業中に居眠りして起きただけで、いちもつがとんでもなく起立していることがあって、にもかかわらず連れションへ突入すれば、特異な状態にあるサイズを発見されることになる。こんなに分かりやすい悲劇もない。

この特異な状態を隠ぺいしようとする誰かが何をするかといえば、いつもよりも一歩か一歩半前に進み、もうすぐ小便器の壁にくっつきそうになるほどの距離で放射する。これによって隣人の視界からいちもつとその軌道を消すことができる。膨張すると尿の通り道が圧迫されるので、せせらぎのような音で出すわけにはいかなくなり、ちょっとした滝のように、地に向かって勢いよく突き落とす音をそこらじゅうに響かせる。周囲は、この異変を聞き逃してはくれない。

男子便所に小便器が五つあるとする。そこに三人で入ったならば、両端と真ん中でする。四つあるところに三人で入るならば、両端と、あとはどちらかで迷う。「連れ」「ション」だけど「ション」まで「連れ」る意識は低く、むしろ、いざ「ション」の場では、「連れ」ずに一人になりたい。それはいちもつを覗かれる不安を少しでも回避したいというごく自然な行為であって、友情の有無、みたいな大きな議題を持ち出すほどの回避ではない。いちもつは共有財産ではなく私有財産、当然の行為だ。

四つの小便器のうち三つが埋まっているような状態のときに、クラスの第一階層が大挙をなしてやってくると、彼らは平然と、残りの一つに入る。ともすれば、放射中の後ろに並んだりする。そういう彼らは、平然と覗き込んでくる。彼らの平然は、本当に暴力だった。クラスのヒエラルキーといちもつのヒエラルキーは比例しないはずなのだが、ヒエラルキーを維持しようと試みる側は、強気でいちもつを目視する。親しき仲でもないから、豪快に礼儀に欠ける。

最低限の礼儀を持っていた自分は、他人のいちもつの詳細を知らない。そもそも他の男子たちが、どういう持ち方をしていたのかも知らない。人差し指と中指の2本ではなく、親指と人差し指で挟むのがスタンダードだと思ってきたがどうなのか。いや、挟むという感覚でもない。支えると添える、だ。人差し指で支え、親指を添える。添えることで挟む。女子二人がインスタグラムなどに投稿しがちな、両手を使ったハートマークポーズがある。かつてはプリクラ、今ではSNSで見かけるあの決めポーズを思い出してほしい。両手でハートをつくる。そして利き手でないほうの手をしまう。片方だけが残る。その手、その手の形だ。自分は、そうやって持ってきた。その持ち方がスタンダードに違いないが確信は持てない。

国際基準ではないし、学校基準ですらない。あの頃、覗かれたことはあっても、しっかり覗き込んだことなんてなかったから。隣り合ってすることに恥じらいがあった。だから、こう持った、とは言えるけれど、人がどう持ってきたのかに確信は持てないままだ。

一緒にトイレには行くけれど、目的の行動を果たす段階では、それなりの緊張感が保たれていたままだったことを改めて伝えておきたい。男子同士は連れションで、そこまで打ち解け合っていたわけではないのだ。このときの「いちもつ」は「4　男根のこと」であると同時に「2　心中に秘めたたくらみや、わだかまり」も意味していた。そう考えるとあの頃の「いちもつ」が理解しやすくなる。

ポジショニング

男子のパンツの中身は
どういうポジション
なのか
という疑問がムクムクと
わいてくるのは、
やはり、
水泳の時間でした
恥ずかしいので、
もちろんジロジロ
見ませんでしたが、
男性の体育教師のは
見やすい環境なので、
休むなー
チラッ
当然、女子の間では
話題になり、
モッコリ
してる
見た～
キャッ
キャッ
授業中にまわってくる
手紙も
夏の定番はモッコリ
ネタなのでした
「モッコリに
気をつけろ」
アハハ

モッコリか〜
もっと、なんてゆーかモコモコしてる
でも、なんか違うよな〜
＝ モコモコ
＝ モッコリ
そーそーそーなんだヨ
うん うん
こうじゃない →
モコモコの正体、なぞ〜〜〜
わかんなーーい

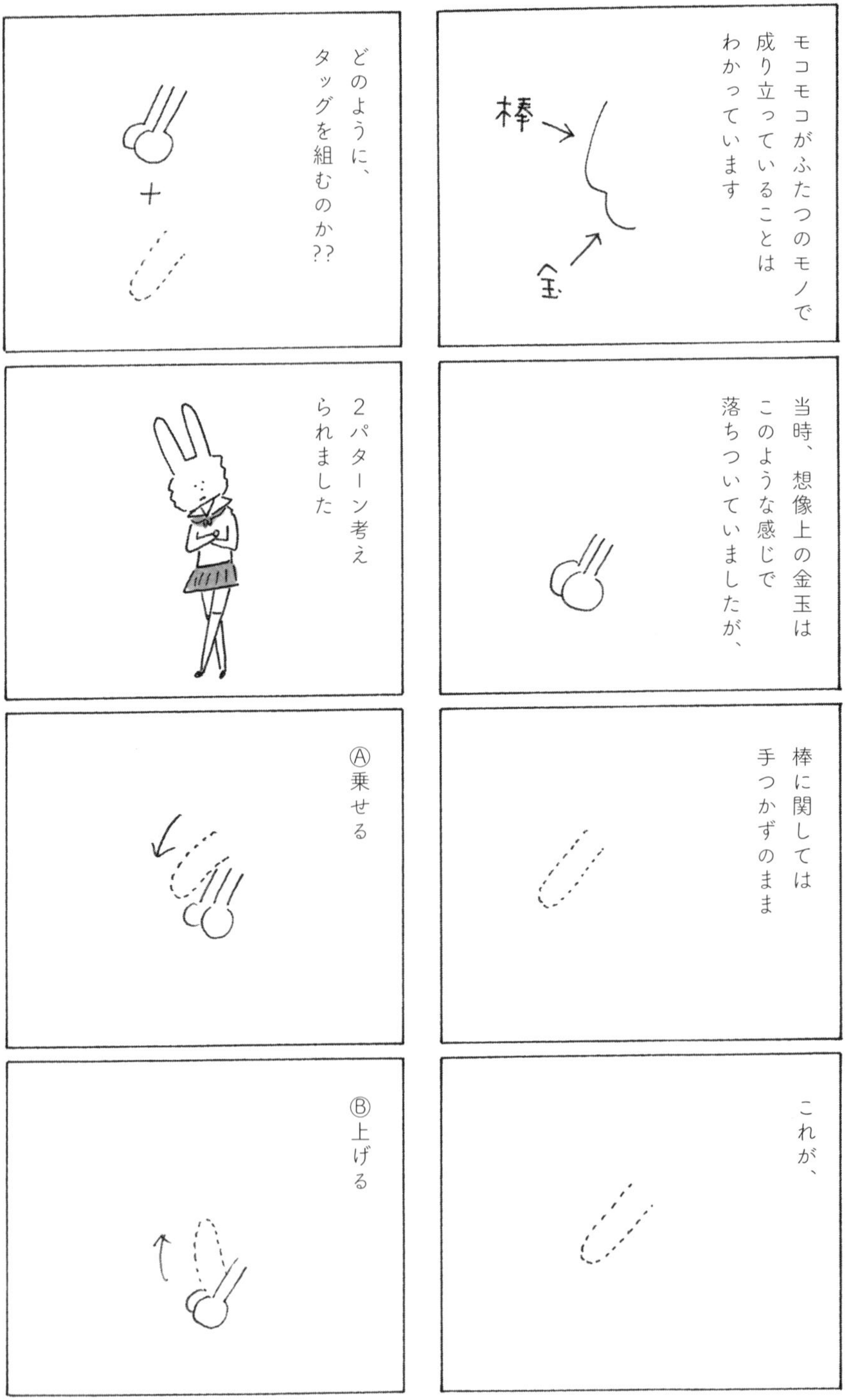
モコモコがふたつのモノで
成り立っていることは
わかっています
棒
玉
当時、想像上の金玉は
このような感じで
落ちついていましたが、
棒に関しては
手つかずのまま
これが、
どのように、
タッグを組むのか??
2パターン考え
られました
Ⓐ乗せる
Ⓑ上げる

布をかぶせてしまえば
どちらも似た感じです
友達に聞くことは
さすがにできないので、
知らないと
ダサいかも
しんないし
脳内の協議の結果
重力に
さからわず
乗せたら
玉が痛いん
じゃない？
A
B
Ⓑを採用することに
決めました
B
はい
バシャ
バシャ
筋が通ってる
解決〜〜〜
ねーねー
見た？
え？
先生、
右寄り
どう
寄せるの〜〜〜

プールと大きさ

それにしても、「思春期×ブーメランパンツ」というのは、主たる目的が「可視化」ではないかと思うほどに残酷だ。大きい、との前評判通りの説得力だったり、そんな前評判を疑わざるを得ないコンパクトな見栄えに対して、疑いの目を向けられたりする。プールの授業では、出来うる限り大きく見せる、ということに相当な努力がはらわれていた。寄せて上げる、といえば女性の胸についての議論で使われがちな言葉だけれど、あれは僕たちの股間に対しても使われていた。

玉と棒をそのまま下に垂らした状態で穿くのではなく、あのとき、僕らの間で流行ったのは、玉と棒を下から寄せて上げるように穿く方法。「▽」の形のパンツに、掬いとるように「凸」の形状で強引に押し込めば、諸々が盛り上がった形状になる。女性にはイメージが湧きにくいかもしれないので、もう少々説明を補足しよう。

寄せて上げるブラジャーは、胸のまわりの贅肉《ぜいにく》を集めて「あっ、これも胸ですので」と主張させている、と聞く。あれと同様。玉は普段通りのポジションならば、棒の裏に控えているわけだけれど、「▽」に「凸」の感じで盛り上げるように押し込むことにより、あたかも棒そのもののボリュームが凄いと誤解させる働きを持つことが出来る。そうはいっても、玉は棒ではない。位置どりからして、棒っぽく大きく見せることも出来ない。なんとなく全体的に盛り上がっている印象をつくり上げるにすぎないのだが、外から詳細が分かるわけでもないし、パッと見が大きければ「大きい」との評判に至るのだから、寄せて上げるのは常套手段だった。

とにかく「デカそう」と思われたかったあの頃。今になって友人と振り返ったときに、「あれはティッシュだった」派と「あれはガーゼだった」派に分かれ、それぞれの記憶が曖昧なのだけれど、ブーメランパンツの中に人工物を入れてきた友人がいた。もっこりの度合いがさすがに甚だしい。規定の身長に足りず頭にシリコンを入れて新弟子検査に臨んだ誰かのよう。とにかく股間が全体的に押し並べて盛り上がっており、棒っぽくもなければ玉っぽくもなく、半分に切ったキウイをそのままパカッとはめ込んだような膨らみ方をしている。プールサイドでは疑いの目から逃げ回っていた彼だったが、人の少なくなった更衣室で、渋々捏造を告白することになったのだ。とっておきのネタになったはずだが、その後、そのことを流布する者はいなかった。当時ではあり得ないほど、人道的な対応だった。ほら、おそらく、寄せて上げるブラについてイジるのと、豊胸をイジるのとでは雲泥の差があるはずで、こちらにも雲泥の差があったのだ。

毛、については、少々生えてきた人とまだ生えていない人のバランスが拮抗していた時期で、それなのに、中には既にボーボーの奴もいて、そういう輩《やから》は、けしからんことに、おへそから股間にかけて、いわゆるギャランドゥのようなものまで生やしていた。当然、「帰るまでが遠足」とさほど変わらないベクトルで「どこまでが陰毛か」という議論が巻き起こることになる。この議論をふっかけられて嫌がる奴はいない。なぜってそれは、大人である証拠を自分ではなく周囲が喧伝してくれる機会でもあったのだから。

プールの授業では、何かと声が過剰になる。プールの向こう側に、女子がいたからだ。こっちからあっちに向かって男子が泳ぎ、あっちからこっちに向かって女子が泳いでくる。あっちで静かに先生の説明を聞いている女子に聞こえるように放たれる「どこまでが陰毛なんだよー」は、おそらくあっちを少なからず動揺させている。遠巻きに見える動揺にこちらが興奮する。

こっちから泳いでいき、あっちに辿り着いたとき、男子それぞれは孤独だ。プールからあがるときに、なんだか女子たちに自分の股間を査定されているような気がする。自意識過剰というか、股間の意識が過剰。彼女たちはさほど詳細を知らないはずだから、例の「寄せて上げる」作戦も通用しているはず。今思えば、女子は、限られた男子の、板チョコのように割れた腹筋や大きな背中に惚れ込んでいた気がするのだが、そういう方面で勝負をしている男子は少なくとも自分の周辺にはおらず、とにかく「股間を盛る」に終始していた。ティッシュだかガーゼだかを入れた彼は、その執着ゆえにズルをしたのだろう。女子は自分のズルに気づけまい。ズルをした彼の気持ちがよく分かった。よく分かったからこそ、ウィキリークスと化すのを避けた。漏洩させなかった。恐喝しなかった。

あっちからこっちに泳いでくる女子もまた、ボディーラインが強調されているから、当然、僕たちは必死に査定をした。胸を締めつけるスクール水着とグラビアアイドルが着るビキニの差異を正確に把握できていたわけでもなかったので、「なんだか小さいな」というのが、僕たちの共通見解だった。「小さいな」という感想は、思春期特有の小生意気が被さるとたちまち「物足りないな」などの言葉に変容していく。時折、あの締めつけに負けないボリュームを感じさせる子が現れると、次にその子があっちからこっちに泳いでくるとき、こっちにいる男たちは、露骨に凝視した。

更衣室に戻ると、見たか、見たか、ああ、見たよ、すっげーな、そうかな、そうでもないだろ、と査定が始まる。もう本当に情けないのだけれど、「ああいうのは感度が悪いんだよ」みたいな誰かの断言に全員が頷いたりしていて、プールの授業はとにかくあっちもこっちも、大きいか小さいかを議論する場になっていた。そんな白熱に気を緩めたのか、ブーメランパンツを脱いだ一人からティッシュかガーゼがこぼれ落ちたのだった。「あー」っと誰かが喚いた。青ざめた彼の顔を忘れはしない。先述の通り、そのことはあまり広めないようにした。大胆というか、繊細というか、ブーメランパンツとスクール水着の合戦は、いくつもの思惑と思惑がぶつかっていたのだ。

赤ちゃんのつくりかた

精子と卵子が結びつき
命が生まれる
ということを授業で
教わり、それはそれで
信じるわけですが、
中1時代
大切に育ててきた
オリジナルの物語は
なかなか手放せないもの
うーん
「コウノトリが
赤ちゃんを運んでくる」
なんてのは、さすがに
ウソだと思いましたが
ないないないない
「キスをすると
赤ちゃんができる」
というのが間違っている
とは思えなかったんです
だって、そう言ってた
女優さんいたし!!
真にうけてる
そこで、こう考えた
わけです
そっか、
選べるんだ!!
ハッ

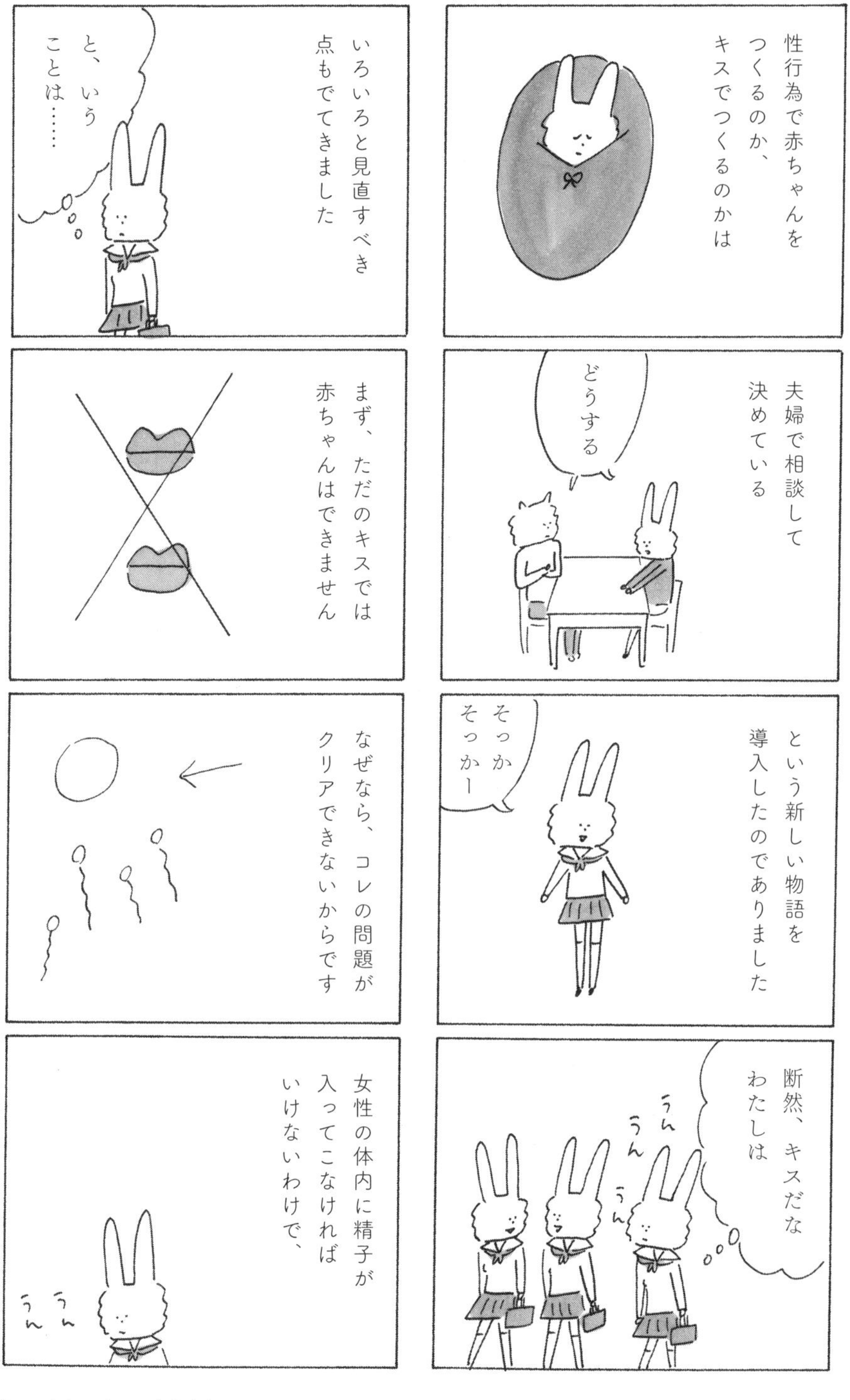

性行為で赤ちゃんを
つくるのか、
キスでつくるのかは
夫婦で相談して
決めている
どうする
という新しい物語を
導入したのでありました
そっか
そっかー
断然、キスだな
わたしは
うん
うん
うん
いろいろと見直すべき
点もでてきました
と、いう
ことは……
まず、ただのキスでは
赤ちゃんはできません
なぜなら、コレの問題が
クリアできないからです
女性の体内に精子が
入ってこなければ
いけないわけで、
うん
うん

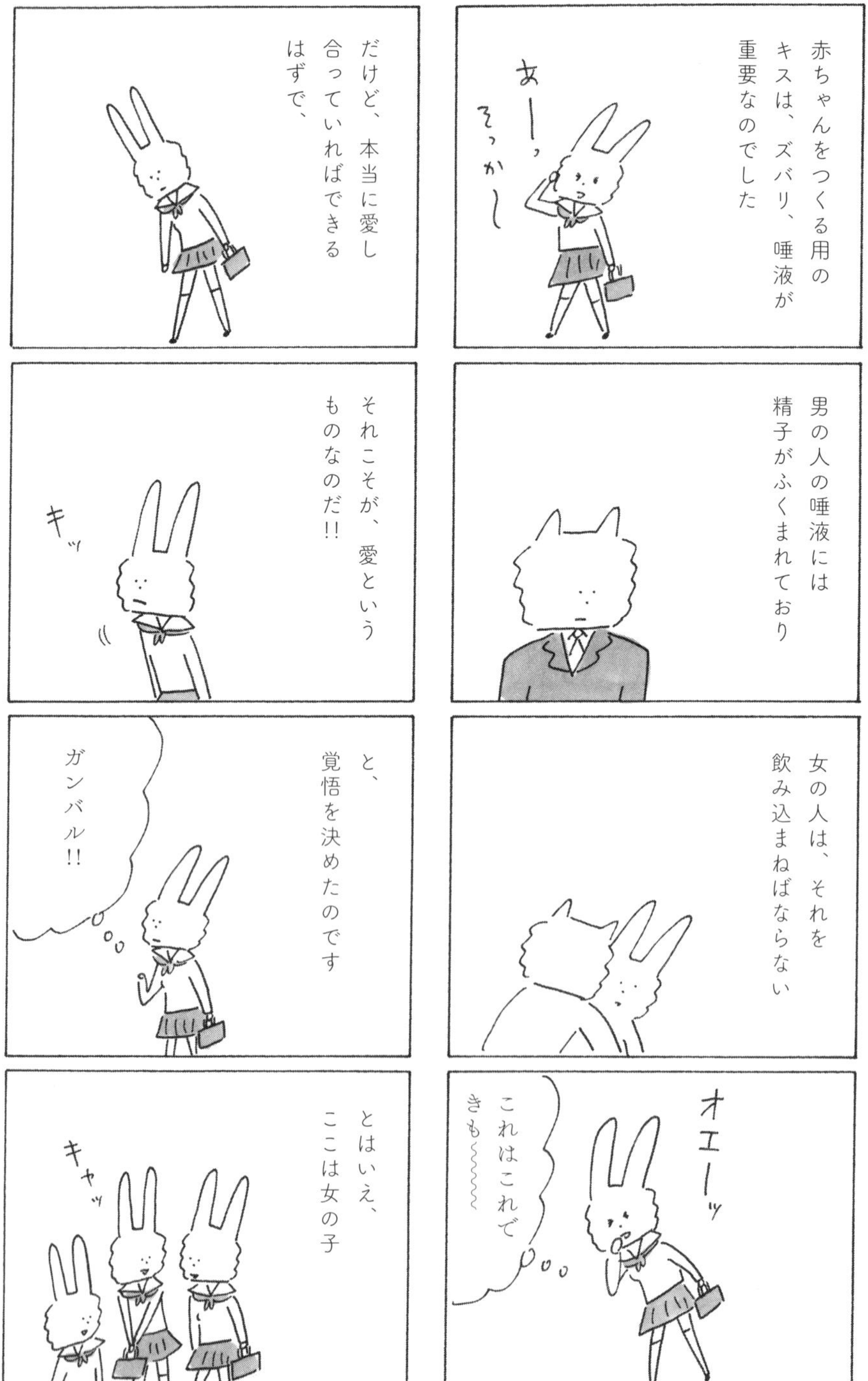

赤ちゃんをつくる用のキスは、ズバリ、唾液が重要なのでした
あー、そっかー
だけど、本当に愛し合っていればできるはずで、
男の人の唾液には精子がふくまれており
それこそが、愛というものなのだ!!
キッ
女の人は、それを飲み込まねばならない
と、覚悟を決めたのです
ガンバル!!
オエーッ
これはこれできも〜〜〜
とはいえ、ここは女の子
キャッ

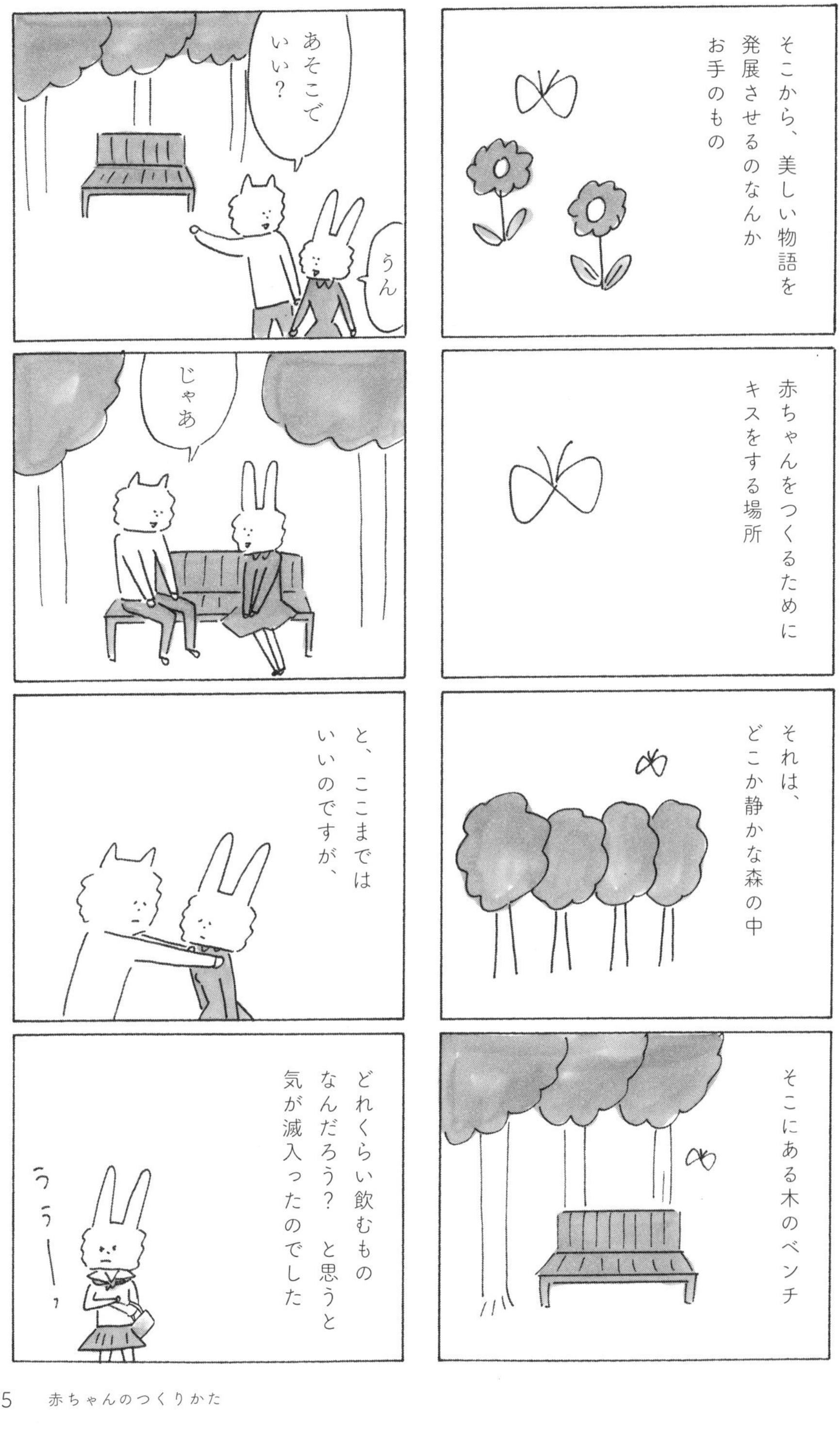
そこから、美しい物語を
発展させるのなんか
お手のもの
赤ちゃんをつくるために
キスをする場所
それは、
どこか静かな森の中
そこにある木のベンチ
あそこでいい？
うん
じゃあ
と、ここまでは
いいのですが、
どれくらい飲むもの
なんだろう？と思うと
気が滅入ったのでした
ううー、

おっぱい

「うひょー」という叫び声を聞いたり、字面《じづら》を見つけたりすると、いまだに、おっぱい、が浮かぶ。汎用性に欠ける「パブロフの犬」が、記憶からなかなか消えない。

　自分の中学時代は、グループアイドルが当番制でマンガ雑誌の表紙に登場する現在とは違ってグラビアアイドルが全盛であり、しのぎを削りながら、次から次へと新しいアイドルが登場していた。共学の私立中学、生徒のほとんどが電車通学だったこともあって、網棚に捨てられたマンガ雑誌を毎日のように収集してくる同級生がいた。

　路線の始発駅から乗り、何度かの乗り換えを経て学校まで辿り着く彼に頼めば、発注に応じてマンガ雑誌が手に入った。カバンを膨らませたそいつが教室に入ってくると、到着を待ちわびていた男たちが彼を囲む。クラスのみんなからは、あたかも存在が待望されている人気者のように見えただろうが、彼自身はまったく待望されていない。仲買人にすぎない。欲しているのはモノだ。

　カバンの中から取り出したマンガ雑誌を数種類並べる。表紙を飾る女の子を見渡す。グラビアを何枚かめくる。「うひょー」「やべーな」「でもねーな」「なことねぇよ」等々の放言が何回かずつ繰り返される。弾ける水着写真には、あたかも彼女がつぶやいたかのようなキャプションが添えられている。今ならばそれが、締め切り直前に男性編集者が出前で頼んだ五目チャーハンを片手でかっ込みながら考えたコピーだと気づけるのだが、「このおっきなおっきな夕陽が海岸線に沈んだら、ようやく二人きりになれるんだね♪　そうしたら私とアナタを、お月様が見守ってくれるのかな♪」といったどうかしてる類いの文言に、しっかりと興奮していた。

あちこちの学校にそういう男子がいたはずだが、触ったこともないのに、おっぱいについては彼に聞くといい、アイツなら何でも知ってるから、と一目置かれている男がいて、彼はグラビアを見れば、このおっぱいが本物かどうか分かると豪語してやまなかった。彼が根拠としていた尺度を、そのときに問い詰めなかったものだから、今となってはその精度を知る由《よし》もないのだが、おそらく寄せて上げる感じが強引だと思えるものについて「偽物」と判別していた程度にすぎなかったはず。しかしながら彼は一時期、「おっぱい先生!」と呼ばれるほどのポジションにあった。彼自身も、そのポジションに位置づけられていることを誇らしく思っているようだった。調達する男子、査定する男子、「うひょー」と興奮する男子。グラビアが豊富に掲載されているマンガ雑誌が発売される日の朝には、そんな役割分担のもとにグラビアの前に集った。

おっぱい先生こと査定男子に呼ばれたのは放課後だったろうか。ねぇ、ほら、よく見てみてよ、とテレホンカードサイズのグラビアアイドルのカレンダーを見せびらかせてきた。表が写真、裏がカレンダーになっている。聞けば、雑誌のアンケートに答えて、当たったのだという。日々、おっぱいに厳しく接してきた彼が、彼女のおっぱいはマジですごいと手放しで絶賛してきたアイドルである。嬉しいのは分かるけれど、わざわざ呼び出すほどの写真だとも思えない。それにグラビアよりサイズが小さいから、どうしたって迫力もない。オーソドックスな水着で、谷間を強調しながら上目遣いでこちらを見てくる。水着の上に濡れたYシャツをはおっている写真がもたらす興奮がどれほどに無限大であるか、行きつけの駄菓子屋でひたすら熱弁してきた彼にしては、ことごとく無難な写真に思える。

先生が言う。気づいたんだ、こうしてごらん。カードを斜めにして、上から覗き込むような角度にする。ねっ、どう、ほら、おっぱいが、でかくなるでしょう。もう一回やるよ、普段はこれ。で、こう。どう。ほら、おっぱいが、でかくなる。なんかさ、中まで見える気がするよね、これ。カードでもらったらさ、なんかいろんな角度から見たくなってね、そいでさ、上から覗いてみたら、おっぱい、でっかくなった。マジすごい発見だと思うんだけど。

すっかり失望した。ああこいつ、たいしたことないな、と先生に心底ガッカリした。どこかで彼をプロフェッショナルな分析家だと信じていたこちちが愚かだったのかもしれない。情けない。カードを渡される。一応、彼がやっていたようにやってみる。でかくなっている。うひょー、確かにでかくなっている。なんかもう、中まで見えそうな気がする。マジすごい発見だと思う。

わざわざ呼び出した彼はひとまず僕を試し、僕の反応が上々ならばみんなの前で披露しようと思っていたようで、早速いつもの全体集会が開かれ、教室の隅っこから、いくつも

「うひょー」が飛び交った。検索ですぐさまエロ画像に辿り着くことなどできなかったあの頃、想像力は検索力を補うどころか、遥かに上回っていた。

先生はおっぱいについての風説をいくつも持っていた。今思えばお兄さんからの受け売りだった可能性が高いのだけれど、それなりの速度で走る車から手を出して空気を揉む、それがおっぱいの触り心地に近いと教えられたし、二の腕の柔らかさはその人の胸の柔らかさと同じだと教えられた。新たな風説を聞けば、即座に実行にうつした。太った男がいれば、脂っぽいのを我慢して、目をつむり、揉ましてほしいと頼んだ。たちまち何人かの列が出来た。ティッシュで最低限の脂分を拭き取ってから揉む者もいた。状況証拠だけで逮捕に踏み切ると冤罪が生まれるが、目の前にあるグラビアという状況証拠だけでおっぱいを知ろうと試みていた自分たちは、一つのリアリティも手に入れていないくせに、大きな興奮をしっかりと手に入れていたのである。

誤解だらけだったけれど、おっぱいに向かった無数の「うひょー」は、知った後の「うひょー」よりも記憶が濃い。あの時、上から覗いたおっぱいは本当にでかくなっていた。

都市伝説

性行為というものが
この世に存在していることがわかっても
じー
テレビ
今ひとつ自分の世界にある感じがしませんでした
…………
だってそうでしょう?
ワー
ワー
まーた教室でピンポン投げしてる
ヒャー
子供〜
ヒャッホー
クラスの男子たちと
キャッ
キャッ
こういう大人の男の人が
同じとは思えなかったのでした
ヒャーッ

こういう男子たちだけでなく
ピャーッ
クラスには、こういう男子たちもいるわけで
ピシッ
まじめー
むしろ、こっちのほうがちょっと多めで、
落としたケシゴムを拾ってあげただけで
はい
ガチガチになってしまう彼らに、
カキーン
こっちもキンチョーしてる
性行為ができるわけがない、
というより、そんなものに興味はなく、
エッチなことなど考えもしないのだと思っていたのでした

しかし、こんな彼らが
急になまなましく浮上してくることがありました
ふわ
学校の泊まりがけの旅行などから帰ってくると、
急にこの人にニックネームがつけられており……
よっ フランク
ビッグ フランク!!
どうやら、サイズのことのようで
そうなんだ ビッグなんだ

もう、知らなかった頃には
戻れなくなるのです
そっかー
女子の間では、
あまり大きなモノだと
ぬけなくなることがあり、
ヒソ
ヒソ
合体したまま
救急車を呼ぶカップルも
いるらしい
えーっ
やだーっ
その時は、救急隊員が
気を使って、すっぽり
シーツをかけてくれる
らしい
やさしーい
ねー
などと、今で言うところの
都市伝説が出まわり、
知ってた?
なにー
何組のだれそれ君は、
それが不安で、彼女と
まだしていない
へー
という情報に
盛り上がりつつ、
アソコが
せますぎる
女の子って
いるらしい
いろいろ心配は
つきなかったのでした
わたし
せまかったら
どうしよ……
でさー
でさー

仲間たち全員が、女性とエロいことを果たしているはずもないどころか、その前段階である交際に発展する欠片《かけら》すら持ち得ていない状態において、ヒエラルキーで上に位置しようとするならば、情報源の多さしかなかったのであります。

つまり、エロにまつわる情報や素材を引っ張り出せる選択肢をどれくらい保有しているかどうか。自分には多種多様なエロ本やビデオを定期的に提供してくるサッカー部の桜井先輩がいて、こういう存在と昵懇《じっこん》にしていると、それだけで一目置かれる存在になれた。提供されたそのものを横流ししたり、こういうものがあると感想を伝えたりするだけで「あいつはなかなかエロに精通している」と、両隣のクラスくらいまでには前向きな評価が浸透していく。得たものをそのまま流しているだけにもかかわらず。

あの一定期間、腰巾着《こしぎんちゃく》ならぬエロ巾着としての自分の暮らしはとにかく誇らしいものだった。自分は何一つエロ方面を達成していないのに、先輩からの調達が途切れない限りにおいて、同級生に対して先輩風を吹かせることができた。

たいして仲良くなかったはずの友人が、「ねぇ、あれ、貸してくれよ」と馴れ馴れしく接してこようものならば、心の内で「ったく、こういうときだけ近づいてくるんだから」と蔑んでいた。優位な立場にあった。桜井先輩はエロい話で爆笑させる話術を持っていたので、僕はその話術をほぼそのまんま盗用しつつ、エロ素材のお裾分けを行なっていた。お裾分けするのは運動部の同級生ではなく、帰宅部や文化部ばかりだったので、さも自分の知識であるかのように「桜井談話」をそのまま伝えていた。

「何がすごいって、最初のチープなドラマのとこだよね。まずはなぜか女が銀行強盗するところから始まる。そんな彼女は謎の男に追われているんだよ。ここからどうなるのか、って思うじゃない。そしたら、次の瞬間。どうなったと思う？　もうベッドの上なんだから」

渡した相手が腹をかかえて笑っている。桜井先輩はルックスも良く、サッカー部ではサイドバックというやや地味なポジションながらもスタメンだったから、「そろそろ具体的な色々があるだろう」とエロ巾着は冷静な見解を持っていたが、案の定、多くの同級生の「憧れの的」と称されていた女子と付き合い始め、エロい素材を後輩に定期的に提供するなんてことよりも圧倒的に優先すべきことを覚えてしまった。

ほぼ唯一の供給源を絶たれたこちらは困る。路頭に迷う。銀行で融資を断られ、銀行の前で途方に暮れる零細《れいさい》企業の社長の気分って、こんな感じなのだろう。一人でいるところを見つけてすがるように「先輩、なんか新しいの貸してくださいよー」と申し出ても、もうそんな状態じゃないんだ、新規入荷作業が不必要になったことを悟ってくれよ、とばかりに、彼女とうまくいっている話しかしてくれない。ボウリングに行った、カラオケに行った、今度遊園地に行く。放課後に彼女と手をつないで帰る先輩の後ろ姿を見ながら、別れてくれないかな、と切に願った。

本当は下請けだったのに供給源として定評があった自分のルートが枯渇すると、見限った人たちが徐々に離れていく。手厳しいことを直接物申してきたのが寺島君だった。「ってか、気づいていたけど、桜井先輩と同じ話してるよね」。寺島君には一つ上のお姉さんがいた。つまり桜井先輩と同級生。桜井先輩はクラスの中でも下ネタを積極的に放っていたようで、お姉さんと仲が良かった寺島君は、桜井先輩があぁ言ってたこう言ってたという笑い話をお姉さんから聞いていたのだ。エロ話を姉と共有するという、信じ難い仲睦《なかむつ》まじさによって、寺島君は、僕のエロ話が「桜井談話」の流用ではないかと早い段階から疑っていたようなのだ。

その疑念を方々へ言いふらさなかった恩赦には頭を下げたものの、寺島君のことは好ましく思えなくなっていた。なぜって、彼はいつも、お姉さんがいる、という大前提を活かして、エロに対して優位であろうとしたから。勝てない。鮮度が違う。色々と明け透けに語るお姉さんとは、「どういうことをすると、何がどうなる」というディテールについても議論していたようで、間接的な情報を継ぎ接《は》ぎしていたこちらよりも、高い精度を持っていた。

「同じ話してるよね」以来、寺島君との距離は離れる一方だったが、ある日、寺島君の家に遊びに行った杉下君から話を聞いた。果敢な彼は「あのさ、やっぱり、お姉ちゃんの下着がどんなのかとかって見るの?」と、ストレートに問うた。最初のうちは気取って

「見るわけねぇじゃん」と問いかけを退けていたようなのだが、ベテラン刑事ばりに緩急つけた尋問を繰り返した結果、「最近、なんか派手なピンクっぽいのが……」という、極上の白状を手に入れて戻ってきた。

その手の拡散は早い。「帰りの会」までの間に、派手なブラジャー情報が共有され、自由気ままに膨らんで、男を誘惑するブラジャー、となり、最後には、男遊びとかも激しいらしい、と、曖昧なのに豪快な結論に落ち着いてしまうのだった。文化祭だったか合唱祭だったか、学年を超えて全体をまとめる委員になった寺島君のお姉さんが、その説明をしに自分たちの教室に来たときがあって、もうそのときには、ちょっとしたエロの象徴みたいになっていたから、名画や秘仏が全国各地のミュージアムを巡業するかのような熱視線を浴びているのだった。

あの頃、エロの情報源にはランクがあった。自家調達はやっぱり尊敬される。その素材の横流しは、バレない限りは尊敬されるが、仕組みがバレると蔑まれる。下請けだけではなく孫請けもいるからそっちには最後まで強気で押し切れたものの、実は最も力を持っていたのが、年の近いお姉ちゃんがいる同級生だった。何の経験も果たしていないのに、寺島君の優位性ったらなかった。彼のお姉さんは、ある一定期間、僕らにとってのセックスシンボルだった。大げさなんだけど、大げさであればあるほど、僕らは熱狂した。

トイレどうしよう

結婚、
一般的には、夫婦が共に生活することになります
ハッ
中1
それって
夫に寝てる姿見られるってコトだよ〜〜〜
ヒーッ
ドラマや映画の中の女性たちは
ものすごく寝相がよいわけです
オハヨ
そう考えるとどんどん不安になり
どうしよう……

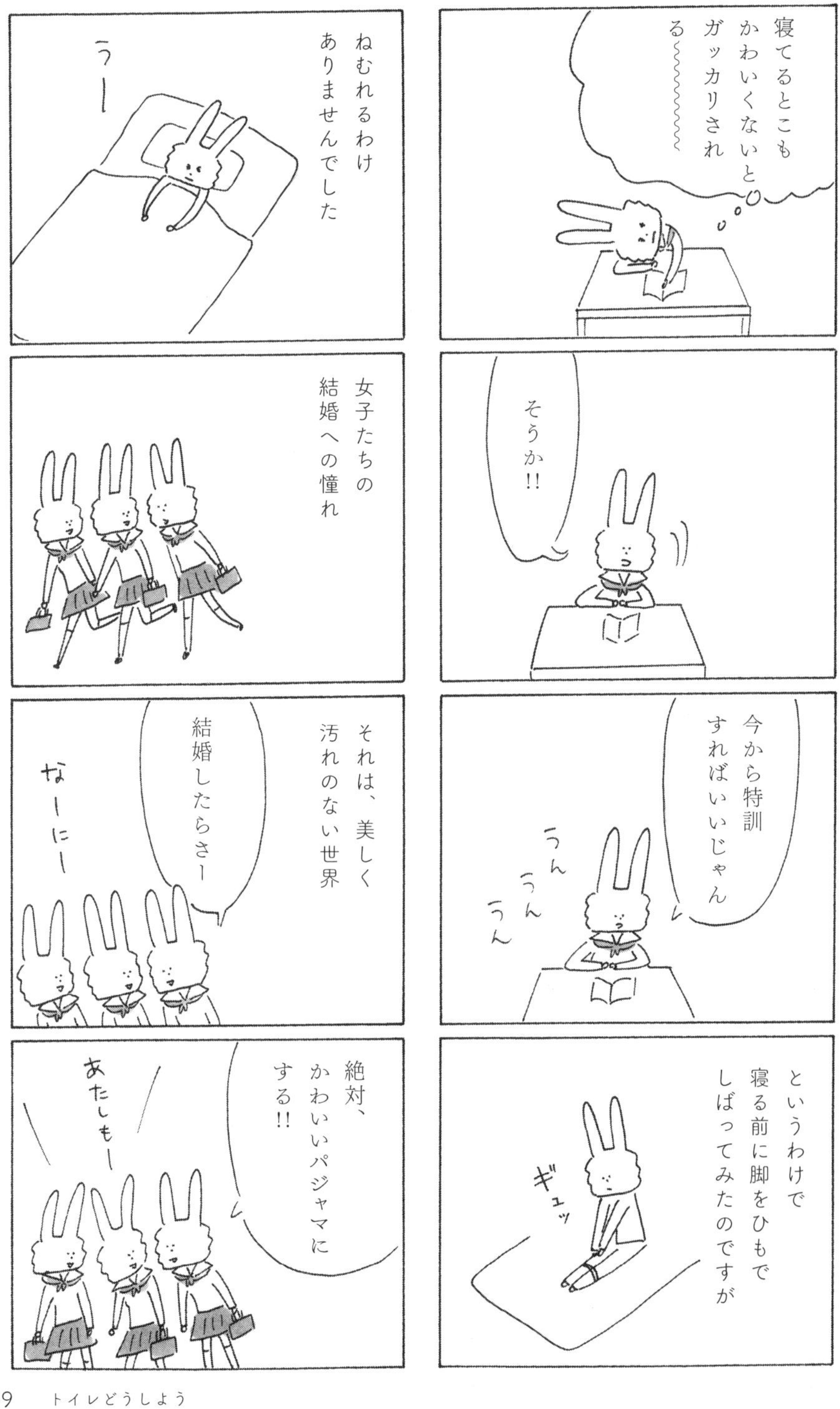
寝てるとこも
かわいくないと
ガッカリされる〜〜〜
そうか!!
今から特訓すればいいじゃん
うん うん うん
というわけで寝る前に脚をひもでしばってみたのですが
ギュッ
ねむれるわけありませんでした
うー
女子たちの結婚への憧れ
それは、美しく汚れのない世界
結婚したらさー
なーにー
絶対、かわいいパジャマにする!!
あたしもー

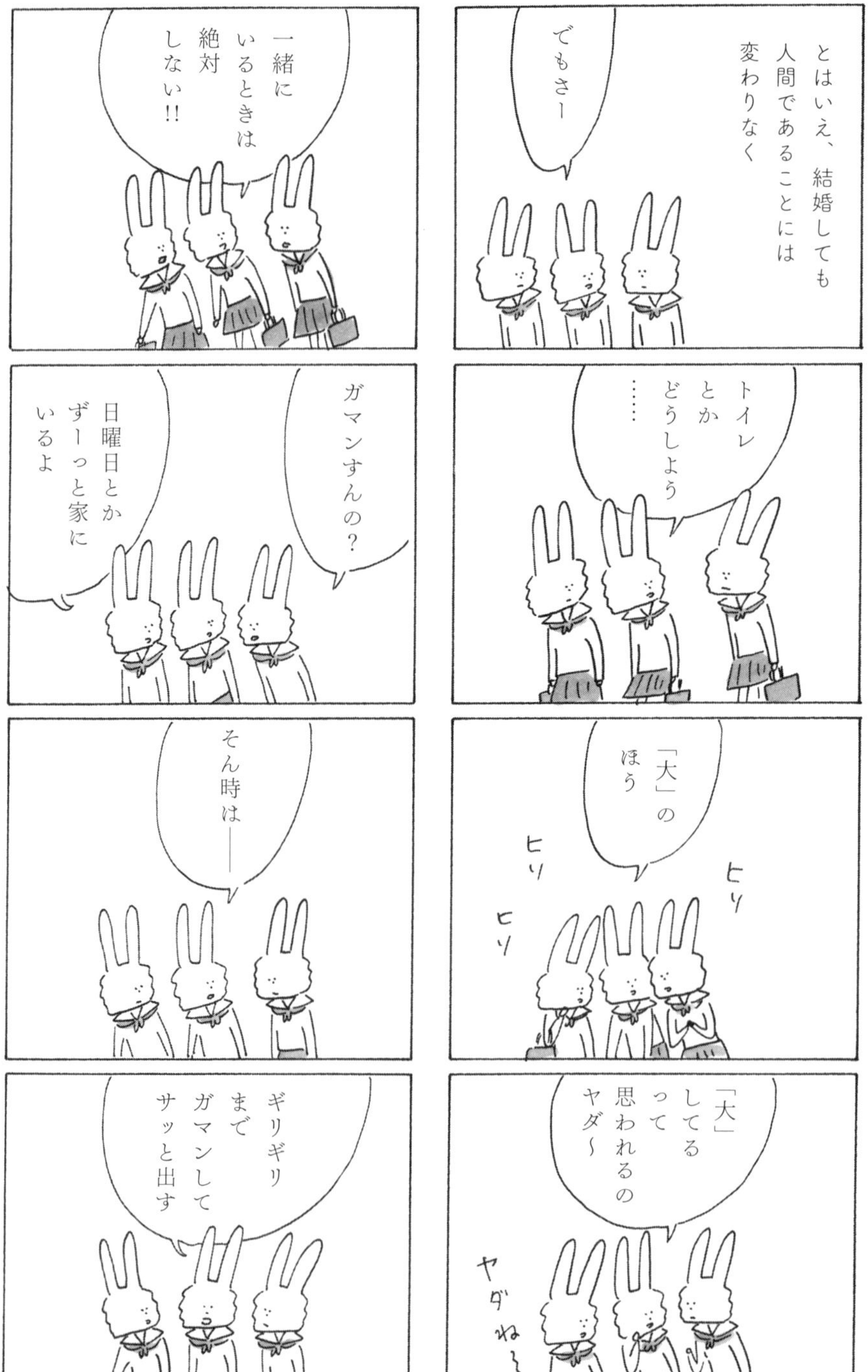
とはいえ、結婚しても人間であることには変わりなく
でもさー
トイレとかどうしよう……
「大」のほう
ヒソ
ヒソ
ヒソ
「大」してるって思われるのヤダ〜
ヤダね〜〜
一緒にいるときは絶対しない!!
ガマンすんの?
日曜日とかずーっと家にいるよ
そん時は——
ギリギリまでガマンしてサッと出す

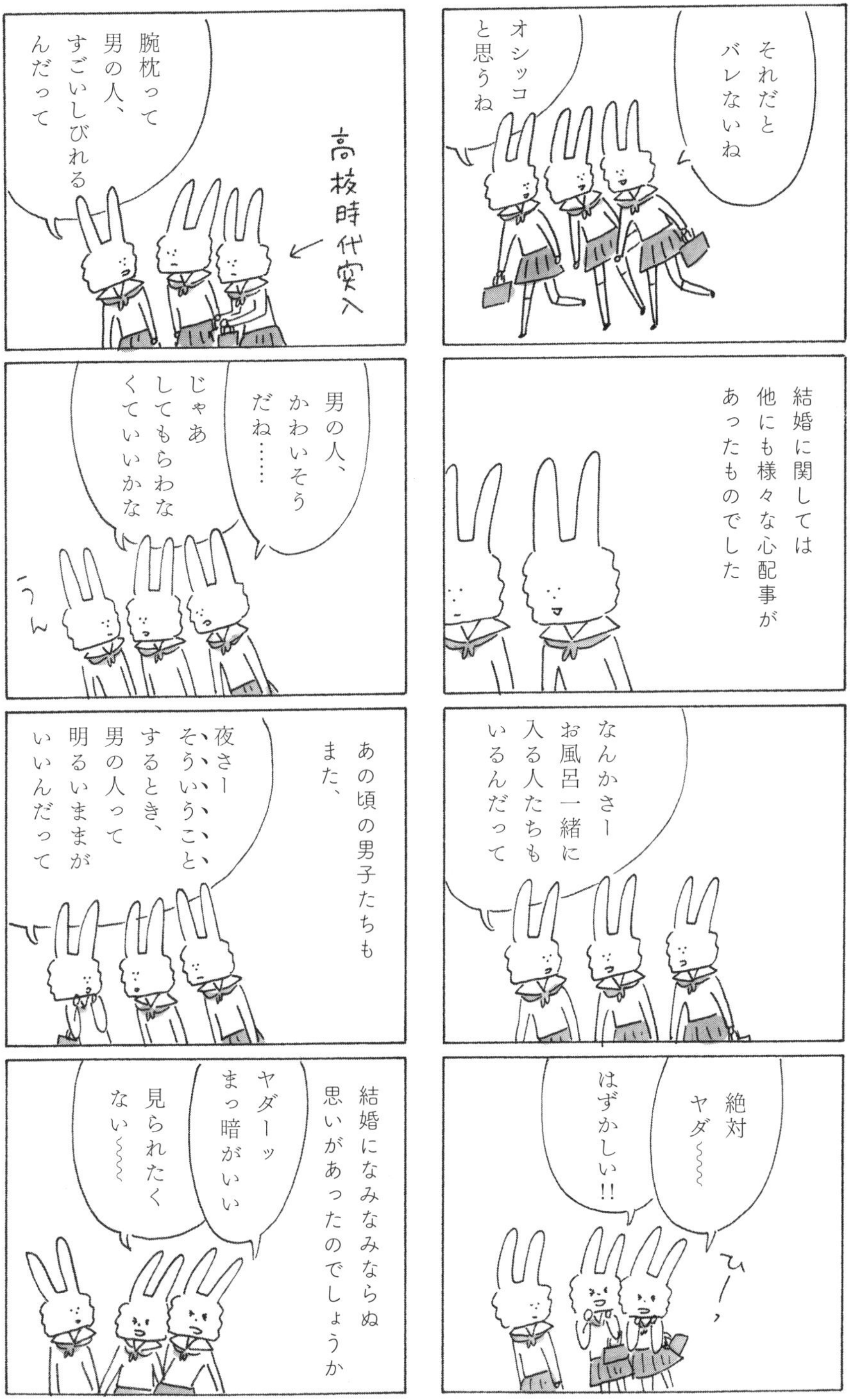
それだと
バレないね
オシッコ
と思うね
結婚に関しては
他にも様々な心配事が
あったものでした
なんかさー
お風呂一緒に
入る人たちも
いるんだって
絶対
ヤダ〰〰
はずかしい!!
ひー
高校時代突入
腕枕って
男の人、
すごいしびれる
んだって
男の人、
かわいそう
だね……
じゃあ
してもらわな
くていいかな
うん
あの頃の男子たちも
また、
夜さー
そういうこと
するとき、
男の人って
明るいままが
いいんだって
結婚になみなみならぬ
思いがあったのでしょうか
ヤダーッ
まっ暗がいい
見られたく
ない〰〰

親がやってた

それまで本多君の家の特徴といえば、いまだに汲み取り式便所である、と否定的に理解されているくらいのものだったのが、その激白の日からはガラリと評価が変わった。

小学校の近く、正門の前にある信号を斜めに渡っただけのところにあった本多君の家は、ちょっとだけ寄ってファミコンをする溜まり場になっていたのだが、友だちが来ていると いうのに、自分が進めているRPGを続行したりするものだから、ちょっとさすがに本多 ムカつくと、徐々に求心力が落ちてきているところだった。操作するのに慣れているサッカーゲームで、この位置から打てば確実にシュートが入るという位置からばかり打ってくるのにもイライラした。

本多君が言う。「親がエッチしてるのを見た」。まだ小学校4年か5年だったから、エッチの詳細を知る者は少ない。継ぎ接ぎするほどの断片情報もなかったはず。そんなとき、本多君の激白は、図工の授業をすっかり放棄する程度の威力は持っていた。オルゴールを入れる木の箱を彫る工作が最終工程に入っていたのだが、先生の目を盗むようにして本多君が語り始めた。今、思い返しても、本多君は話が上手かった。怖い話を始めた稲川淳二のように、話に抑揚があった。エッチしてた、と話せば終わるところを、ゆっくりと話を進めていく。本多君は僕たちを落ち着かせてから、静かに語り始めた。確かこんな感じだった。彫刻刀で箱を彫る音が図工室にけたたましく響いている。

「こないだの土曜日なんだけど、ちょうど野球の練習試合があったから、その日は夕方くらいに家に帰って、ファミコンもせずに寝てしまったんだよね。起きたのは夜8時すぎだったかな。親は僕が起きるのを待ってくれていて、いつもより遅めのご飯を食べて、お風呂に入って寝ようとしたんだけど、ほら、さっきあれだけ寝たものだから、そんなに眠くないわけ。ちょっとだけファミコンやっちゃおうかな、って、そーっと部屋の電気をつけて、ファミコンを始めたら、すぐさま親がやって来て、もう寝なさい、って怒られたのね。素直に布団に入ったんだけど、ちっとも寝られやしない。たぶんもう11時くらいだったのかな。そんなに行きたくもないけど、おしっこに行ったのね」

「ボットン便所！」

「うるせー。そしたら、なんかガタガタっていうか、ギシギシっていうか、揺れるような音がしたんだよ。ほら、学校の前の道って、大きなトラックが通るでしょ、あれ、結構、夜中も通るからそれかなって思ったんだけど、なんか音のする方向が違う。二人の寝室のほうに向かうとやっぱりそっちのほうから聞こえる。なんか、声が聞こえてきたんだよね」

「お――――。んで、んで、どういう感じ、どういう感じ」

「開けられるわけねぇじゃん。やばいって、それは。あんな声聞いちゃったら」

「どんな声か、やってみろよ」

背が低かったこともあったのか、何かといじられやすかった本多君は素直に「オオオオーン」「アアアアーン」みたいな謎めいた雄叫びをあげて爆笑をさらった。さすがに図工の先生がこちらの騒ぎを見つけて、僕らのことを叱りつけた。

彫り終えた木箱のフタの裏側に、オルゴールを貼り付けて完成となるわけだが、自分の好きなメロディを選べるわけではなく、全員が「エーデルワイス」だった。オルゴールを貼り付けると、みんな嬉しくなってフタを開け閉めするもんだから、そこらじゅうで「エーデルワイス」が鳴る。僕たちは、もちろん、そのメロディに乗せて「オーオーオーオーン♪アーアーアーン♪」で本多君の声を真似るのだった。それからしばらくして、お昼の校内放送で「エーデルワイス」が流れると、わざわざ別のクラスから本多君のところに向かう同級生の姿が見えたから、おそらく学年全体の男子に本多君が「見た」事実が伝わっていたのだろう。

当然、その後で本多君の家に遊びに行くと、これまでとは違った緊張感が生まれる。トイレに行くと、斜め前に夫婦の寝室らしき部屋が見える。空気の入れ替えをしているのか、ドアが開いていて、奥にこぢんまりとしたダブルベッドが見える。「やる」の詳細を知らないから、音の発生というか声の発生の詳細を摑めていないのだが、そうかここが現場かと、冷静に見渡すことは出来る。いつも通り、飲み物をトレーに載せて、愛想のいいお母さんが入ってくる。一緒に遊びに行っていた悪友が、お母さんが入ってきたタイミングで「オーオーオーオーン♪」とか歌い出すものだから、本多君はさすがに怒ってしまった。何が起きたか分からないお母さんはポカンとしているが、説明できるものはいない。「オーオーオーン♪　アーアーアーン♪」「マジで、ふざけんなよな！」「えっ、どうしたの？」

小学校高学年くらいだと、「弟・妹が生まれた」という友だちが少しはいて、生まれるとはどういうことかをうっすら知っている僕たちは、証人喚問というか、取調室というか、どこかに連れ出して「見たのかよ」と聞くのが通例になっていた。「やってた」と激白した後の本多君の扱いを知っていたからなのか、「おお、見たんだよ」と続ける人は少なかったが、具体的な姿を見てしまった人と見ていない人では、その後に得る知識の具体性が異なっていたはず。お笑い芸人が地方の営業先で同じネタを披露して笑いを得るように、本多君もクラスを横断する行事や授業のときには「野球の練習試合があった日なんだけど……」と持ちネタを披露していたらしく、それを知って妙にイライラしたのだが、気づけば本多君のランクというか、クラスにおけるポジションはうっすら上昇していた。「やってるのを見た」というのは、それくらいのインパクトを持っていたし、本多君はそれを活用する利点に途中から気づいていた。

見たことないけど

共学の高校と言ったところで
その実態は……
男女のふれあいはないも同然でした
自意識が過剰なお年頃なので気軽に声をかけられず……
一部のかわいい子は一部のかっこいい子とつきあうわけですが、
特に女子のコミュニティは
おーい
行くよー ミスド
グループで成り立っているので
じゃ
基本、男子とは離れて行動することになるのでした
なに食べる?
フレンチクルーラー
あたしダブルチョコ
授業中にまわす手紙も
まわして
OK

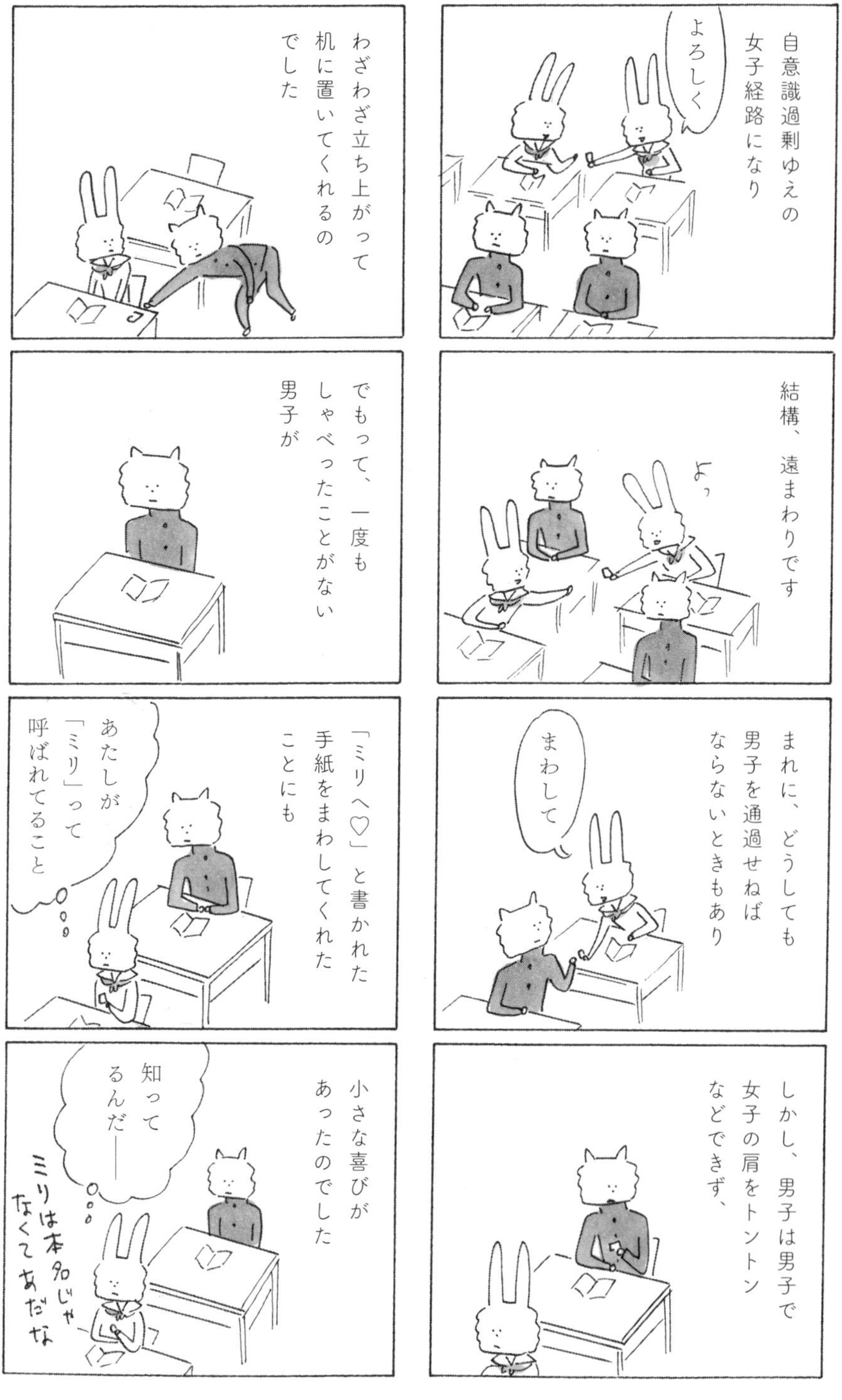
自意識過剰ゆえの
女子経路になり
よろしく
結構、遠まわりです
よっ
まれに、どうしても
男子を通過せねば
ならないときもあり
まわして
しかし、男子は男子で
女子の肩をトントン
などできず、
わざわざ立ち上がって
机に置いてくれるの
でした
でもって、一度も
しゃべったことがない
男子が
「ミリへ♡」と書かれた
手紙をまわしてくれた
ことにも
あたしが
「ミリ」って
呼ばれてること
小さな喜びが
あったのでした
知ってるんだ――
ミリは本名じゃなくてあだな

まわってきた
手紙には、
ミリへ♡
ひとりの女の子からの
手紙に、
先生の新しい
ニックネームや、
男性器のイラストが
擬人化されて描いて
あったんです
プッ
「おなかへった」
「ねむい」など
ハハッ
ん?
基本、どーでもいい
ことが書いてあるわけ
ですが、
そして、それによって
じーっ

実は、少し、
混乱しました
………
毛って
こんなとこにも
生えてんだ……
マジか——
オトナの
男の人って
そーなんだー
ここにも……
イラスト
こんな感じ
描く側も
見たことないので
仕方がないですが、
読む側も見たこと
ないので、これが毛の
正解だと思ったのでした
キモいな、
なんか

授業中の手紙

目の前に女子。あっ、こいつ、他校の男子と付き合い始めたんだよね、との情報を思い返して、たちまち目を泳がせてしまったのは中３の冬ではなかったか。中高一貫校だったので、高校受験の心配もないこの時期に、階層上位の男女は本格的に開放的になっていった。部活を引退した女子の中には、たちまち他校の男子と付き合い始めた人が何人かいて、何の変化も無い日々を送っている自分たちは、誠に申し訳ないと思いつつ「あばずれ」「ヤリマン」とのあだ名を隠れて使っていた。それくらいしか抵抗の手段がなかった。

そのうちの一人が「もうやったみたい」との情報を持ってきた。誤報かもしれない、と考える心の余裕を持つ者は近くに誰もいない。やった女子をＡとする。その友人女子をＢとし、自分たちに情報を提供してきた男子をＣとする。情報提供者Ｃがなぜ情報を得たかといえば、ＣはＡとＢの間に席があり、ＡとＢが授業中に頻繁に渡し合う手紙を仲介していたから。Ｃは、ＡとＢが「Ｃ君、いつもごめんね」と言ってくれるから、「なんだかオレもヒミツを共有しているような気がする」と語り、僕たちは素直にそれを羨ましがった。Ｃは、ＡとＢがどういうやりとりをしているのかを推測することに長《た》けていた。仲介する手紙を開いて読むことは出来ないから、Ｃは、授業が終わった後に交わされるＡとＢの会話に耳をそばだてることで、先ほど回していた手紙の内容を読み解こうと試みていた。

競技かるたでは、上の句を読み上げて、下の句が書かれた札を相手より先に取るわけだが、Ｃはその逆を行く。上の句（手紙）が分からないから、下の句（手紙を読んだ感想）

から上の句を想像していく。なぜその精度を問わなかったのかと今になって思うが、Cが「キス」のタイミングを見破ったという。Cが語る。

授業が終わった瞬間にBがAに駆け寄っていき「うそー、マジで早くない？　いつ？」と興奮気味に話した。その日の授業ではいつもより多めに手紙のやりとりが交わされていたという。CがAの背中を見ていると、Bから手紙を受け取り、しばし考えこむようにしてから手紙を書き始めているから、「BがAに質問攻めをしているはず」とCは理解した。なるほど鋭い。

BがAに駆け寄っていくほどの衝撃として問われた「いつ？」はチュー以外に考えられないとCは言う。一向に誰一人として男女交際の気配が生じない自分たちの周辺は「誰かがキスした」という情報に慣れてきていて、したこともないくせに「その程度で騒ぐなよ」と醒めた対応をした。僕たちが求めていたのはその先。チューの先。それが「下の句」から明らかになったら教えてくれと伝えておいたら、わずか2週間弱でCが「どうやらやったね」との結論を導いたのだ。

Cが言う。BがAに「ちょっとウソマジで。ちょっとウソマジで」と二度ほど繰り返して廊下だかトイレだかに連れていった。戻ってくるとAとBは無言で席に戻り、次の授業中、これまでにない頻度で手紙のやり取りをしたという。Bからの手紙はいつもネコ型に折り込まれていたりイラストが添えられたりしたのだけれど、このときに限り、手紙は無味乾燥な折り込み方だった。折る余裕がなかったのか。Bからの問いにAが答えていると踏んだCは、結論をすぐに出さずに数日間観察した。その日を境にBからの手紙は簡素なものになっていった。Cは「距離を感じるよね」とそれっぽい分析をしていた。

Cによる根気づよい調査が続く。ある日の一時間目の授業が終わると、BはAに「昨日も？」と言い、Aは「う、うん」と戸惑いながら頷いたという。Cはこれをもって、点と点を線にした。Cの報告を熱心に聞いた僕たちは、Aを「やった」人と再び確定させることになった。おそらく男子たちがそういう情報を水面下でキャッチしていると知ったAは、男子全般に対して蔑むような態度をとった。そういう態度の蓄積が急いで「大人っぽいA」を形成していき、別格扱いされるようになっていく。部活を引退してからの数ヶ月後、いよいよ高校に入学しようという時分に、諸々を済ませている女子がクラスにいるという事実が、もう抜群にエロかった。

Cは「これからも何かあったら教えるね」とみんなに宣言したが、その後AとBはあまり手紙をやり取りしなくなってしまった。「女っていうのは一度やるとそうなるもんだよ」というCの分析はずっこけるほど論拠がないのだが、当時は少々疑われつつも信用された。

そして、何一つ色恋沙汰がなかった我々ごときは、早々とエッチを済ませたと決めつけた女子を「恋愛対象外」とするのだった。その後、男子はAに対する興味を途端に失ったのだけれど、それと同時にCへの興味も薄まってしまい、Cはそのことを心外だと思ったようだ。Cが再び脚光を浴びるのは新たに「Aのもとへ相談しにくる女子」の存在を伝えてくれるときで、それはもしかしたら「やった」とか「そろそろやる」という相談事ではないかと、注視する必要があり、Cはその都度、細かい報告をした。注目を浴びたいがための捏造もあったのかもしれない。

あの一時期、Cは女子が「やったかどうか」を全て把握しているキーマンとされていたが、今思い返してみれば、Cは何か決定的な証拠を握っているわけではなかった。Aの近くにいただけだ。しかし、手紙を通して赤裸々な報告が繰り返されているものだと全員が信じていたから、Cの密告は重要だった。誰か一人だけでも疑っていれば、「やったらしい」に始まる興奮は概ね抑え込まれていたかもしれない。あの想像力が青春時代に必要だったのか分からないけれど、必要だったと言い聞かせている。

愛ってなに

愛ってなに?
愛と恋は
どう違うの?
青春時代、ふいに
やってくる、
「愛について」の
憧れと戸惑い
ザーッ
恋人同士の、
互いの愛の量って
何で量るんだろう
うーん
愛を量る
わたしが持っている
もっとも価値が
あるものって?

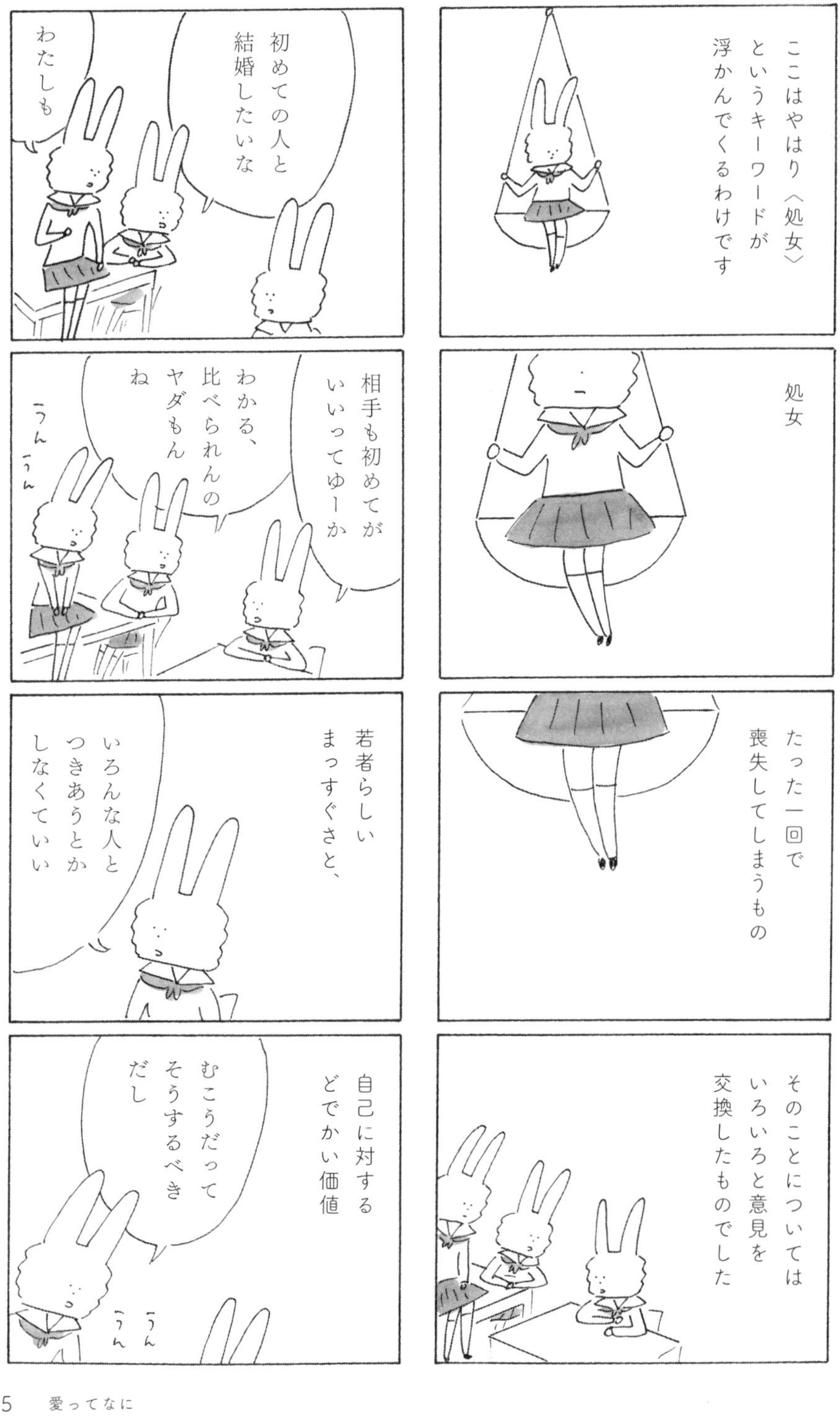
ここはやはり〈処女〉
というキーワードが
浮かんでくるわけです
処女
たった一回で
喪失してしまうもの
そのことについては
いろいろと意見を
交換したものでした
初めての人と
結婚したいな
わたしも
相手も初めてが
いいってゆーか
わかる、
比べられんの
ヤダもん
ね
うん
うん
若者らしい
まっすぐさと、
いろんな人と
つきあうとか
しなくていい
自己に対する
どでかい価値
むこうだって
そうするべき
だし
うん
うん

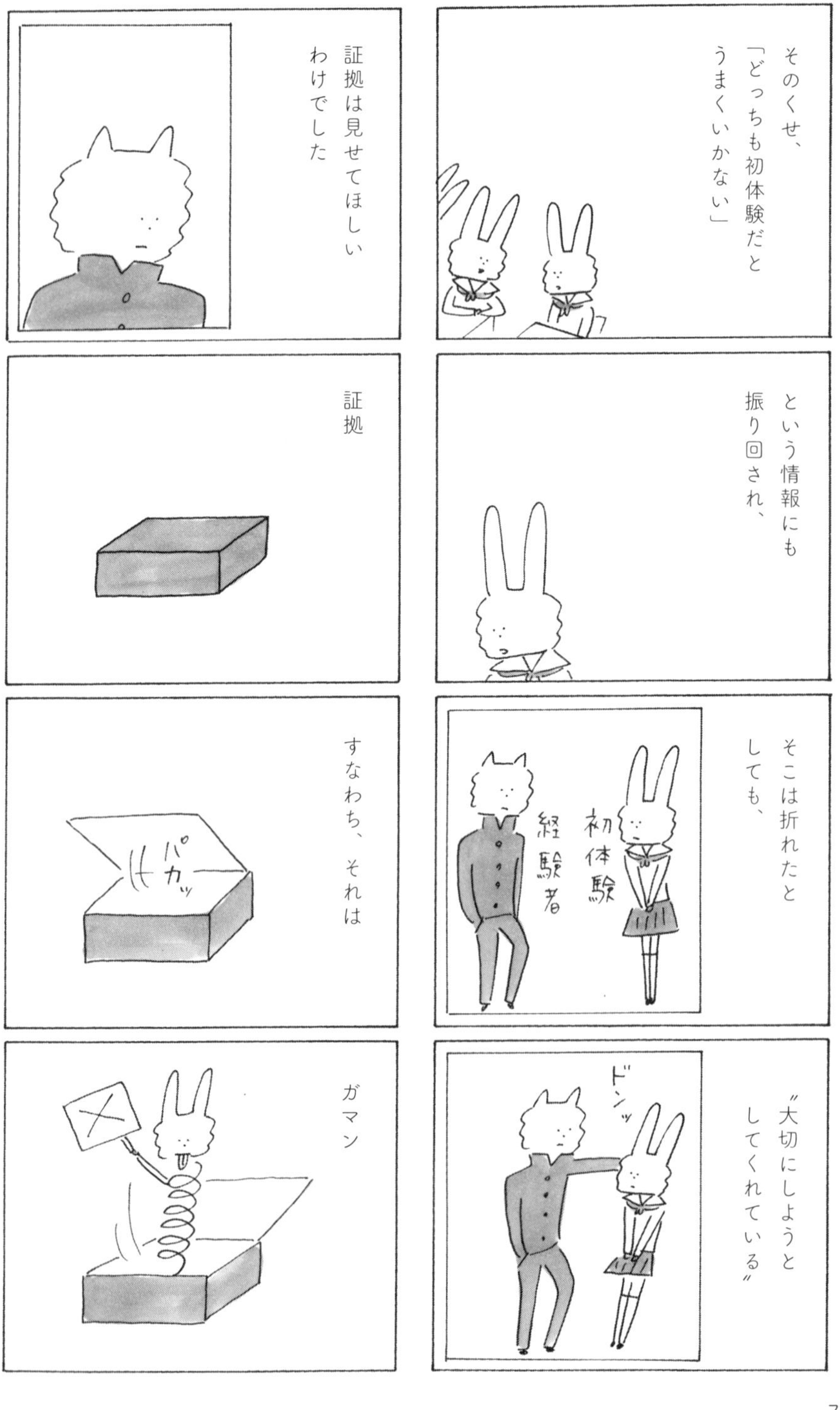

そのくせ、
「どっちも初体験だと
うまくいかない」
という情報にも
振り回され、
そこは折れたと
しても、
初体験
経験者
"大切にしようと
してくれている"
ドンッ
証拠は見せてほしい
わけでした
証拠
すなわち、それは
パカッ
ガマン

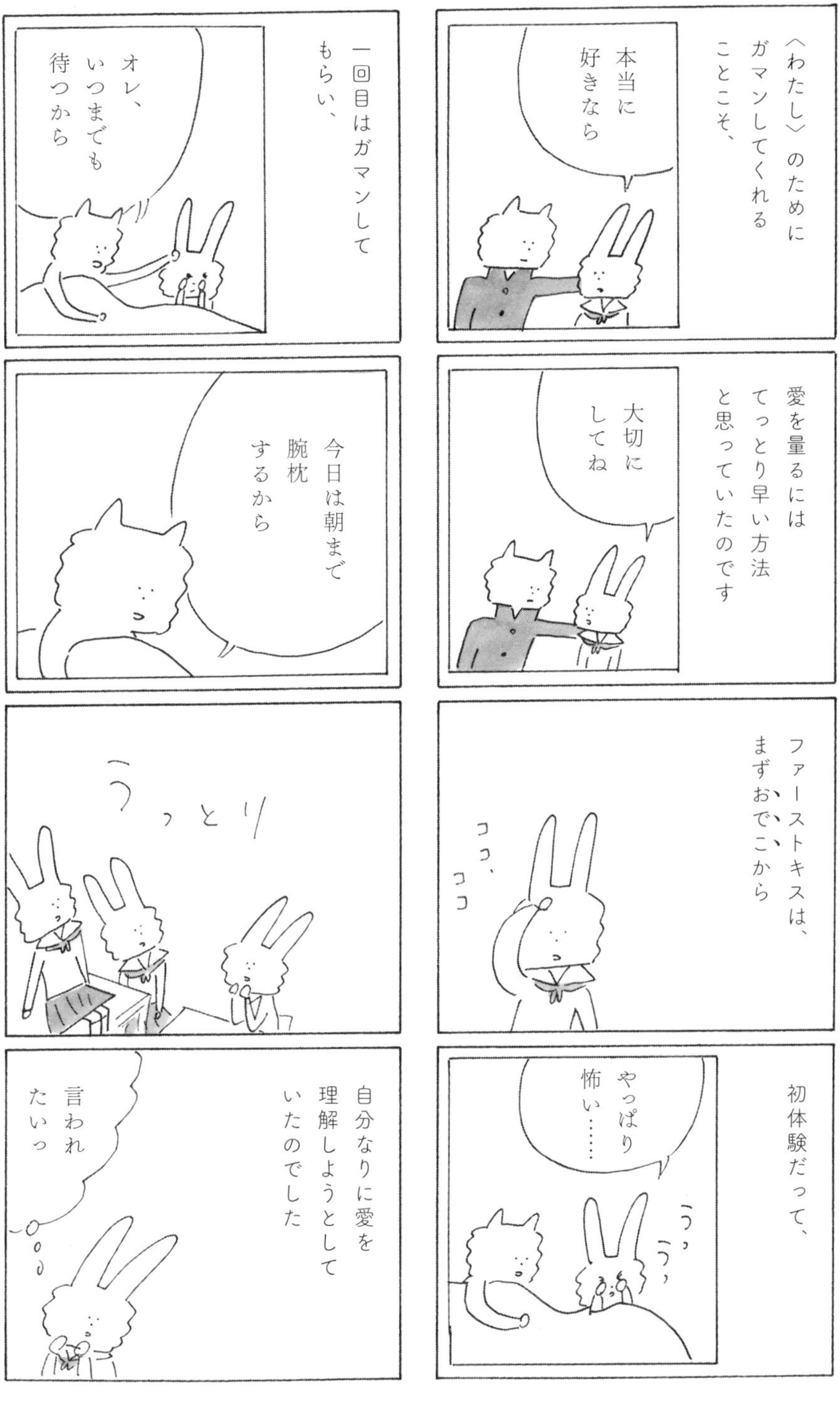
〈わたし〉のためにガマンしてくれることこそ、
本当に好きなら
愛を量るにはてっとり早い方法と思っていたのです
大切にしてね
ファーストキスは、まずおでこから
ココ、ココ
初体験だって、
やっぱり怖い……
うっうっ
一回目はガマンしてもらい、
オレ、いつまでも待つから
今日は朝まで腕枕するから
うっとり
自分なりに愛を理解しようとしていたのでした
言われたいっ

修学旅行の夜

修学旅行の夜って残酷で、イケてる男子はイケてる女子の部屋に遊びに行く。或いは、イケてる女子がイケてる男子の部屋に遊びに来ることもある。そうではない男女には何も起きない。

隣室に女子がやって来たのは消灯時間をとっくに過ぎた10時くらいで、たぶんトランプだかUNOだかが始まったらしく、数分に一度ドッと盛り上がる声の中に、黄色い声がいくつか混じっているのがうっすら分かる。こちらの部屋といえば、二段ベッドの下段に四人くらい集まって、そのうちの一人が持ってきたエロ本を凝視している状態。壁を一枚隔てたところで繰り広げられている「ふしだら」とは質の異なる「ふしだら」をそれなりに堪能していた。見開きページに並んだ四人のうち、誰となら付き合ってもいいか、みたいな議題を飽きもせずに提示しては、偉そうな条件をつけてほとんどの女性を認めない、という愚かな夜を過ごしていた。

もう夜も遅いのだし、そのまま寝てしまえばいいところを、みんなで一冊のエロ本に集中したのは、このまま消灯してしまえば、隣の盛り上がりを聞きながら寝付くこととなり、それはさすがに屈辱だったから。「でっけー」「うひょー」「やりてー」みたいな小声を繰り返すことで、隣室から漏れてくる「〇〇クン、それはずるいよー」などを必死に消していた。

消灯後には先生の見回りがあり、その気配を察知しては電気を消し、寝静まった風を装うのが基本。それぞれのベッドにもぐりこむまでは数秒とかからないし、エロ本さえバレなければ、多少おしゃべりが続いていたってたいしたお咎めはない。先生が心配しているのは夜更かしではなく不純異性交遊だから。いざ、先生が見回りにやって来ると、数秒で寝静まった風を装うまでには至らず、つまらないコントのようにベッドの角に小指をぶつけるような奴もいて、「おい、おまえら何時だと思っているんだ！」と、一通り叱られた。しかし、先生の頭の中には、問題はこの部屋ではなく、本丸は隣の部屋、女子が遊びに来ている可能性があるとすれば隣だろう、との読みがあったはず。先生はすぐに出て行く。本丸への調査に意識を高めている。僕たちはすぐに同じ態勢に戻り、エロ本を開いた。

先生は失敗を犯した。こちらの部屋で響いた先生の声を察知した隣の部屋は、すっかり静まっている。動向が気になるものだから、再びエロ本を読みふけり始めた四人組も同様に静まる。どうも、壁のすぐ向こうに、人のいる気配がある。自分たちの部屋と同じレイアウトだと考えると、このベッドの向こうは、座布団や予備の枕が詰め込まれている押し入れがあるはず。先生にバレないように、そこに女子たちが逃げ込んでいるのだろう。「おい、オマエら〜」とうっすら先生の声が聞こえる。怒鳴っているわけではないから、女子が隠れていることがバレたわけではなさそうだ。詳しくは聞こえないものの、早く寝ろとか、そんな程度だ。

うつぶせになりエロ本を眺めていた僕たち。目の前には女のヌードが並んでいて、壁のすぐ向こうには、女子たちが身を屈めている。こういう瞬間に同じことを思えるのを友情と呼ぶが、僕たちは誰からともなく、壁を小さくノックしてみようと思い立った。

「トン」と一回叩く。4、5秒たった後に、「トン」と返ってきた。声に出さずにはにかむ僕たち。もう一回「トン」と叩くと、すぐに「トン」と返ってきた。次に「トントン」と叩くと瞬時に「トントン」と返ってきた。再確認しよう。目の前には女のヌード、そして、壁を隔てたすぐそこには女子がいる。誰からともなく「やべーよ」と漏れ、「ああ、やべーよ」と反芻した。何のひねりもなく「勃ってる」と報告する者もいた。でも、それを笑う者はいなかった。そうなるだけの特別な事態だと思った。やがて隣の部屋からは再び賑やかな声が漏れ始めたのだが、あっちに比べてこっちの部屋は悲惨、という感覚は薄まり、この修学旅行の夜は、特別な夜になったという共有に満ちていた。

次の日の夕食の時間、普段さほど交流の無い、違うクラスのイケてる男子が僕たちのテーブルにやって来て、小声で話しかけてくる。「昨日、トントンって壁を叩いてたのオマエらだろ? 返したのオレだよ。マジでウケたよなー、あれ」。箸を運ぶ全員の手が止まった。えっ、どういうこと。事情聴取が始まる。話を整理するとこうだ。

彼は別の部屋からただ一人、その部屋に遊びに来てババ抜きをやっていた。別途、女子たちが三人、遊びに来ていた。僕たちの部屋に先生が見回りに来たことを察知した彼は、女子たちに隠れるように指示を出した。とはいえ、自分も隠れないとマズいし、押し入れに四人も隠れるほどのスペースはない。彼と一人の女子が押し入れに、残り二人は男子の布団に小さく丸まって隠れたところ、見事にバレなかった、という。僕たちのテーブルは大げさに「それマジ超奇跡じゃん」とか言って、興奮した素振りを見せた。

彼が去った後、僕らのテーブルは一瞬にしてお通夜の後の会食のように静まった。「勃ってる」とまで報告してくれた一人を見ると、明後日の方向を見て、ぼーっとしている。「女のヌードを見ながら女子と『トントン』しながらコミュニケーションをはかっていた夜」は、「女のヌードを見ながら、女子と押し入れに逃げ込んだ男子と『トントン』し、それを女子だと勘違いしていて興奮しちゃってた夜」に大幅に格下げされた。しかも、僕たちと同じあのベッドに、女子が小さく丸まって入ったのだという。

その日は、蟹の甲羅にグラタンを入れた蟹グラタンが出ていて、しばらく蟹を見る度にあの屈辱を思い出したし、実のところ、20年近く経った今でも蟹をきっかけに思い出すことがある。食事の後に続いたオリエンテーションの内容は、もちろん一切覚えていない。

Bの謎

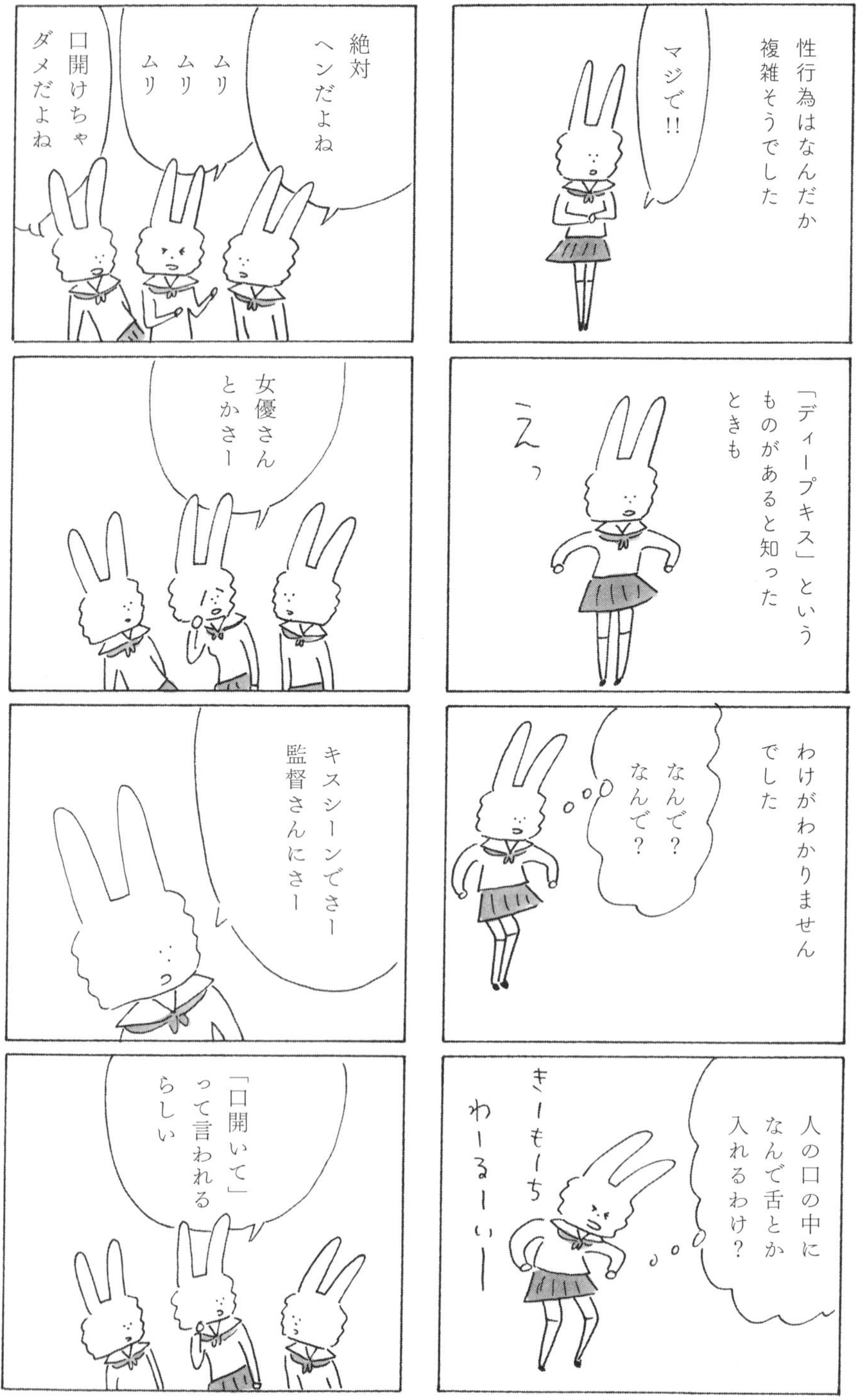
性行為はなんだか複雑そうでした
マジで!!
「ディープキス」というものがあると知ったときも
えんっ
わけがわかりませんでした
なんで?なんで?
人の口の中になんで舌とか入れるわけ?
きーもーちわーるーいー
絶対ヘンだよね
ムリムリムリ
口開けちゃダメだよね
女優さんとかさー
キスシーンでさー監督さんにさー
「口開いて」って言われるらしい

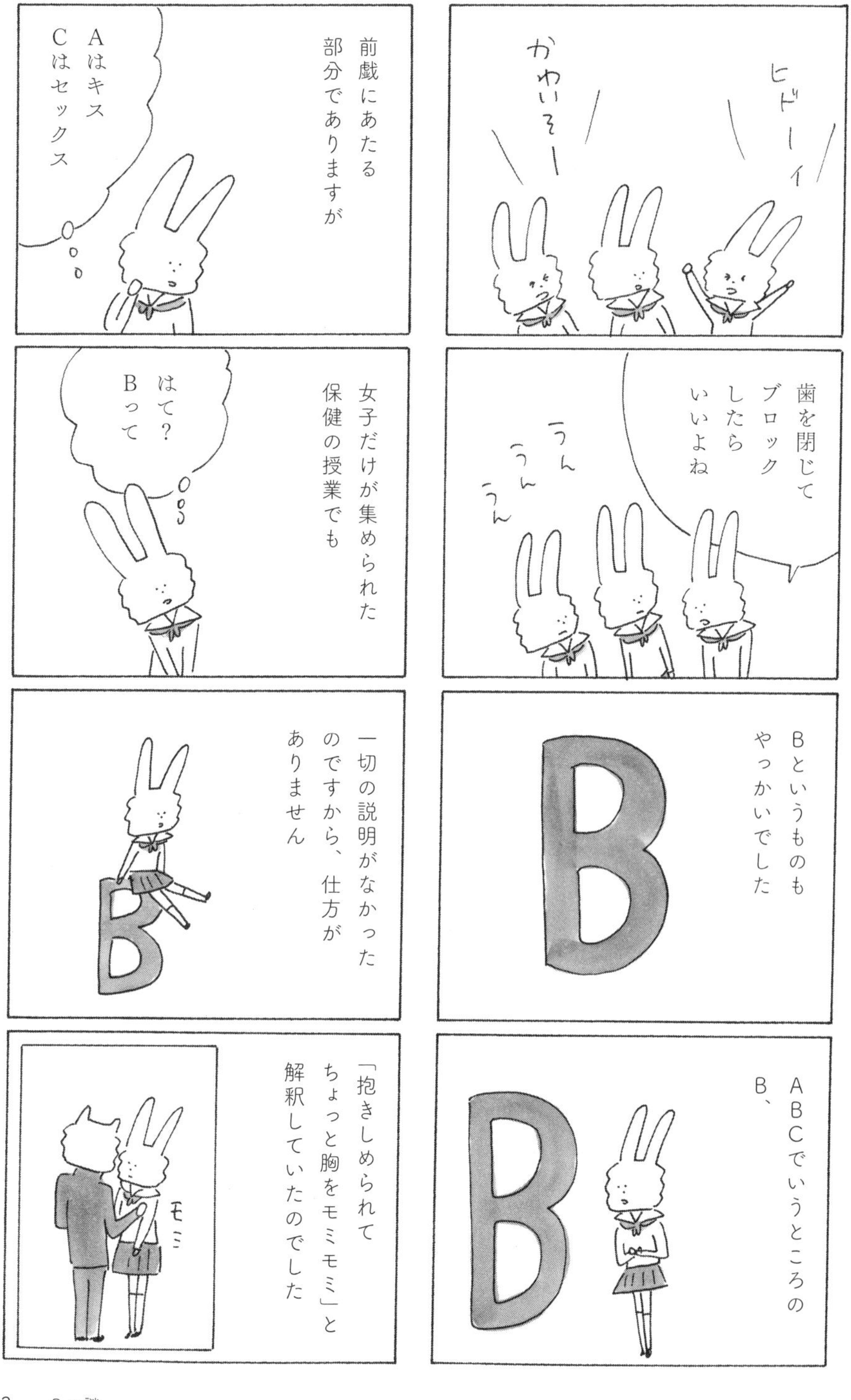
ヒドーイ
かわいそー
前戯にあたる部分でありますが
Aはキス
Cはセックス
歯を閉じてブロックしたらいいよね
うん
うん
うん
女子だけが集められた保健の授業でも
はて？
Bって
Bというものもやっかいでした
一切の説明がなかったのですから、仕方がありません
ABCでいうところのB、
「抱きしめられてちょっと胸をモミモミ」と解釈していたのでした
モミ

あとさー
耳とかも
なめられる
らしい
お風呂で
する人たちも
いるらしい
きーもーち
わーるー
どうやって？
電気
つけて？
わかんないけど
他も、
ほら、
いろいろ
このイ
たち、
変わって
るねー
うん
うん
うん
信じ
られ
ないーー
少女マンガで行われて
いないことは、
全てヘンタイ行為
だったのです

汚れのない美しい人生
それを守るためには用心に用心を重ねなければならず、
本当は、
手をつないだり、舌が入らないキスをしたりするだけでいい
と、思っていたのです
そのくせ……
ね、でもさ
ん？
男の人のアソコ、じっくり見てみたくない？
見たい！
電気ついてるとこで見たい!!

エロ本を捨てる

エロ本の隠し場所として、最もポピュラーだったのは学習机の引き出しの最下段を外したところ。床と引き出しの間に生じるこのスペースに置いておけば、親からの査察をおおよそ逃れることができる。部屋の中で一番リスクの低い場所として仲間たちの間で共有されていたのだけれど、親という人種は告知無しで大掃除を敢行する生き物で、学習机ごと動かされてしまい、豪快にエロ本が露見する悲劇を味わった友人の失意に寄り添った後は、別の場所を模索する討議も重ねられるようになった。

「灯台下暗し、って言うじゃん」という慣用句の使い方が正しかったとは思えないのだが、マンガ雑誌、音楽雑誌、ファッション誌が無造作に並んでいる本棚に敢えてそのままエロ本を挟んでおく猛者もいた。既に整っている本棚を親がいじくり回す可能性はないから、隠しているよりも隠していないほうがバレないのさ、と言う。しかしそんな彼は一人っ子であり、兄弟・姉妹がいる場合は、アポ無しで部屋を訪問され、買った雑誌を共有財産と見なされて引っこ抜かれたりする場合もあるから、そこに混ぜ込んでおくのは極めて危うい。友人の中には、サイズの小さいエロ本をサイズの大きい洋楽雑誌に挟み込むという秘技を繰り返しては、音楽の趣味が一切異なる妹に抜き取られる可能性はないと踏んでいたのだが、妹が洋楽を覚え始める時期の到来を見誤った彼はエロ本を挟んだままの洋楽雑誌を抜き取られてしまった。その後兄妹関係がどう悪化したかについての報告は記憶に無いのだが、音を立てて壊れたのではないか。

本棚の背面にひっつけるようにしてエロ本を一冊入れ、その後で雑誌を入れるという方法もある。こうすれば本棚から雑誌を数冊抜かれたとしても、その奥に貼り付いているエロ本の存在に気づかれることはないから安心。この方法も一時期は流行った。しかし、利便性が悪い。本棚の本をほとんど外してから奥のエロ本を引っこ抜く。時間がかかるし、収容能力も低い。やっぱり、親による突発的大掃除というリスクを抱えつつも、「学習机の引き出しの最下段を外したところ」はスタンダードであり続けた。

高さにして5、6センチ、収容能力は3、4冊が限界である。入れすぎてしまうと引き出しの最下段が開かなくなる。そこには学校の資料なども入っていたので、常に親が開ける可能性がある。「あら、どうして開かないのかしら」となれば探索が始まる。大事な資料がくしゃくしゃになってはいけないと引き出しを外して整理されたら最後だ。エロ本を「規定の冊数」に留めておくことは平和なエロ本ライフを維持するためには必須のことだった。庭いじりの基本が間引きにあるように、エロ本もまた、間引きを必要としていた。

だからあの頃、時折エロ本を近くの森に捨てに行っていた。姨捨山《うばすてやま》ならぬエロ捨て森。なぜ森だったのだろう。地元の廃品回収では自治会のオジ様たちにバレる。近くにあるコンビニのゴミ箱に捨てることもできたが、そのコンビニのあるマンションには歯科が併設されていて、自分も通っていたその歯科では、たいして話したことのない同級生女子と待合室ではち合わせすることもあったから、ここに捨てるのはあまりにも危険。

家から5、6分歩いたところにこぢんまりとした小高い森林があって、ここは夕暮れになると住宅街のそばだというのに人気《ひとけ》がなくなり、あの辺りはあまり歩かないほうがいいよ、と幼少期から教えられてきた場所だった。不審者がいた、というようなビラが配られた記憶もある。エロ本の捨て場所としてはこの上ない。家のビニール袋入れから色の濃い袋をピックアップ、数冊のエロ本を封入し、ちょっと読み返したりしながらも、別れを惜しむ。色々な友人たちを経由してきたエロ本、語り尽くされたエロ本を葬る。ベストセラーとなった片付け術の本に、捨てるものに「ありがとう」と声をかけるべし、とのメソッドがあるそうだが、そんなことは、20年も前にこちらが実践していた。

生い茂った森に入り、エロ本を投げ捨てる。急ぎ足で戻る。惜しいことをしたものだ、と思う。しかし、これも平和なエロ本環境を保つためなのだ。しばらくして、あのエロ本はどうなったろうかと森に見に行く。犯人は必ず現場に戻る、というアレだ。エロ本はなぜか川沿いに捨てられているというセオリーがあるけれど、自分たちの生活圏には川がなかったので森だっただけなのかもしれない。そう考えると川沿いに捨てられていたエロ本って、自分の部屋に隠しきれなくなった少年たちのエロ本だった可能性もある。今でもごくまれにエロ本が捨てられている光景を目の当たりにすると、瞬時にエロ捨て森を思い出す。

エロ捨て森については当時の友だちにも話すことはできなかった。なぜならば、エロ本は隠すものとはいえ、「見つかったら見つかったでしょーがねーよな」と強気の態度でいるのが「偉い」みたいな風潮があったから、コソコソと森に捨てに行った事実は隠しておきたいことだった。

時折、家に遊びに来た友だちが、学習机の引き出しを指差して、なぁ、あそこ以外にもどこにあんだよ、いっぱいあんだろ、と凄むのだが、選りすぐりのエロ本がそこに入っているだけ。あそこだけにおさまるはずがねぇだろ、と尋ねられても「企業秘密だよ」とどこかで覚えた言葉を駆使しながらはぐらかす。その秘匿性が評判を呼び、「あいつ、スゲェ」みたいな評判すら生まれる。となれば当然、エロ本を捨てるときには慎重に慎重を重ねるようになる。5回くらいエロ捨て森に行ったと思うが、なぜ森に行ったのだろうかと言われれば、そこに森があるから、という答えしかない。理由なんて特にない。エロ本を捨てなくちゃいけない、そしたらそこに森があったのだ。

友へ

月経、すなわち
女子の生理を
今、めっちゃ
出てる〜
クラスの男子たちは
どう受けとめて
いるのだろう？
体内から、そこそこの
量の血が流れ出る
という現象
と思ったのは、
普通に考えたら
不気味なのでは
ないか……
怖いってゆーか
やはり、血が出ている
ときでした
あ、
とは言え、
ねーねー

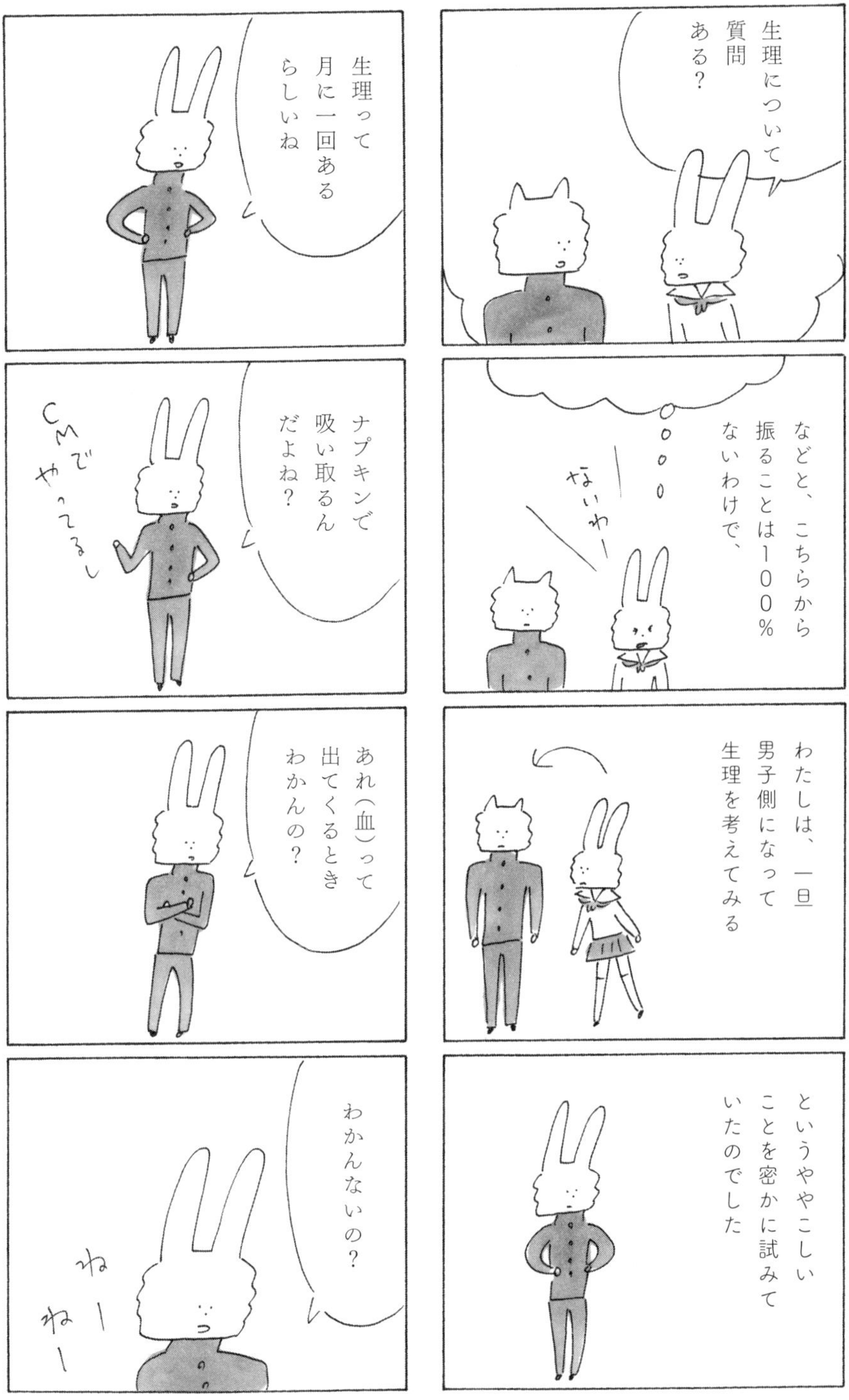
生理について質問ある？
などと、こちらから振ることは100%ないわけで、
ないわー
わたしは、一旦男子側になって生理を考えてみる
というややこしいことを密かに試みていたのでした
生理って月に一回あるらしいね
ナプキンで吸い取るんだよね？
CMでやってるし
あれ（血）って出てくるときわかんの？
わかんないの？
ねー
ねー

お答えします!!
どっちも自分
出てくるのがわかる時とわかんない時があるネ
マジかー
睡眠中は、基本出ててもわかんないかな
ふんふん
日中も多い日はわかるけど、少ない日はわかりにくい
うーん
あ、多い日ってのは生理2日目とかなんだけど
へー
日数が経過するにつれて、めちゃ量も少なくなるからさ
そーゆーもんなのかー
あとさ、出てるのがわかる時なんだけど、
わかっててもi途中で止めることは難しいね
ふんふん

でも、それ以外でさ意識して止めておくことは、できなくないヨ
マジで？
キュッとしとくってゆーか
キュッ??
ポッ
で、トイレでドッと出すとか、ネ
それ、すごくね？
そう、そうなのです、
あの頃、男子たちに「すごいね」って言ってもらいたかったのだと思うのです
その「すごいね」は、立派とか、えらいとかの「すごい」ではなくて、
〝お互い、否応無しに大人のカラダになってってるけどがんばってこうな〟
という、エールを受け取るみたいな、そんな感じ？
？

中学・高校とプロテスタント系の学校に通っていたので、毎朝8時40分から20分ほど、校内のチャペルで礼拝があった。讃美歌を歌い、聖書を読み、クリスチャンの教師がその箇所をきっかけとした講話をする。生徒に興味を持ってもらおうと、小難しくない話を心がける先生もいた。ある日、年齢にして今の自分くらい、教師としては比較的若い女性教師が、「私には今、彼氏がいます。その彼はゴミ収集車に乗る仕事をしています」と言い始めた。ざわつくチャペル。

「ゴミ収集車が通り過ぎると、街中の人から「臭い！」と言われることも多いそうなんですが、私の彼氏のような仕事をしてくれる人がいるからこそ、皆さんの街はキレイなんです……」と感情を込めて訴えた。聖書の一節にある助け合いの精神を示す箇所から飛躍したプライベートトークだったが、気怠《けだる》い表情で校内のチャペルに集った我々は、「先生が彼氏の話をした」という一点においてのみ興奮を覚え、すっかり目を覚ました。自分は自転車通学だったので参加できなかったが、登校時にゴミ収集車を見かける度に、あの先生と彼がどういう感じで「する」のか、極めてスタンダードな、どこまでも下世話なトークが膨らんでいったそう。

毎日の礼拝で話をする教師は当番制で、月に一度か二度、話をする機会がやってくる。ゴミ収集車ボーイとの恋の進展を聞けるのではないかと次の担当日に身構えていたが、進行形の恋について語られることはなかった。そもそも前回がなかなか唐突なプライベートトークだったから、若い女性教師に対して、職員会議などでお咎めがあった可能性は高い。女性教師と距離を縮めるのが上手かった女子生徒は授業後に駆け寄っていって、彼氏との現在を尋ねているようだったが、こちらはその詳細を聞き出すことができなかった。

その教師が少しでも眠そうにしていれば「昨晩はすごかったんだろうな」などと、知りもしないくせにキザに呟くのは、チャペルで隣り合う津田君。自分も「ああ間違いないよ」とキザに言い返す。どう具体的に「すごい」か「すごくない」かの詳細を語る知識がなかったから、キザに振る舞うしかなかったのだろう。

日々の礼拝はとにかく退屈で、旧約聖書と新約聖書をまたがるほどの超大作ペラペラマンガを書いたり、分厚い聖書の小口《こぐち》のところにイラストを書いたり、それぞれが退屈しのぎの方法を模索していた。

ある日、仲間内に激震が走る。なんと、オナニーのルーツが旧約聖書に書かれているというのである。「76ページを読め」との情報があっという間に行き渡る。旧約聖書『創世記』38章6―11節にこうあった。

ユダは長男のエルに、タマルという嫁を迎えたが、ユダの長男エルは主の意に反したので、主は彼を殺された。ユダはオナンに言った。
「兄嫁のところに入り、兄弟の義務を果たし、兄のために子孫をのこしなさい。」

オナンはその子孫が自分のものとならないのを知っていたので、兄に子孫を与えないように、兄嫁のところに入る度に子種を地面に流した。彼のしたことは主の意に反することであったので、彼もまた殺された。

ユダは嫁のタマルに言った。

「わたしの息子のシェラが成人するまで、あなたは父上の家で、やもめのまま暮らしていなさい。」

それは、シェラもまた兄たちのように死んではいけないと思ったからであった。タマルは自分の父の家に帰って暮らした。

週に1時間だけ「聖書」という授業もあったから、その授業でオナンの存在を教わったのか、それとも誰かが聖書から偶然見つけたのか、仲間内での第一発見者は定かではないが、ネット検索が無かった時代に、アナログに掘り起こされたオナンは一世風靡し、「76ページ」を読んでいない男子生徒はいないほどに広まった。自分の快楽のために行う自慰行為ではなく、子孫を残さないための膣外射精をしたにすぎないのだが、彼の名は実際に「オナニー」という言葉のルーツになった。

大きな衝撃を与えたのは、オナンが「主の意に反することであったので、彼もまた殺された」こと。オナニーという行為を熟知し始めた頃に知らされた聖書の記述にみんなで動揺する。「婚前交渉はダメよ」といった能書きは、そもそも交渉経験を持たないこちらにはあまりにも響かなかったが、画期的なルーティーンワークであったソレを、旧約聖書が手厳しく否定してきたのである。

当然、男子たちの間で流行るのは、「昨日も？」「ああ、もう何度だって殺してくれよ！」といったギャグである。「ああ、子種よ！」などと適当に叫び出す誰かを見て、笑い転げる男子たち。何のことか分からない女子たち。教師は男子たちの間で「76ページ」が流行っていることを理解していたはず。でも、このネタを大々的に持ち出して説教するのは、火に油を注ぐ行為。信仰に欺く行為とも言える。だからなのか、オナンネタは野放しにされた。

プロテスタントは新約聖書を重視する宗派で、礼拝で使われていたのも、授業で取り扱われるのも新約聖書が中心だった。旧約聖書はさほど開く機会も無く、ごく最初のほうに出てくるオナンの悪行は、退屈していた中学生を一気に色めき立たせた。厳かであるべきはずの礼拝の場で、僕たちは、何をどうやったらエロい方面に膨らませられるかという思案を繰り返していたし、そんな中でオナンは一番の収穫だった。

皮と膜

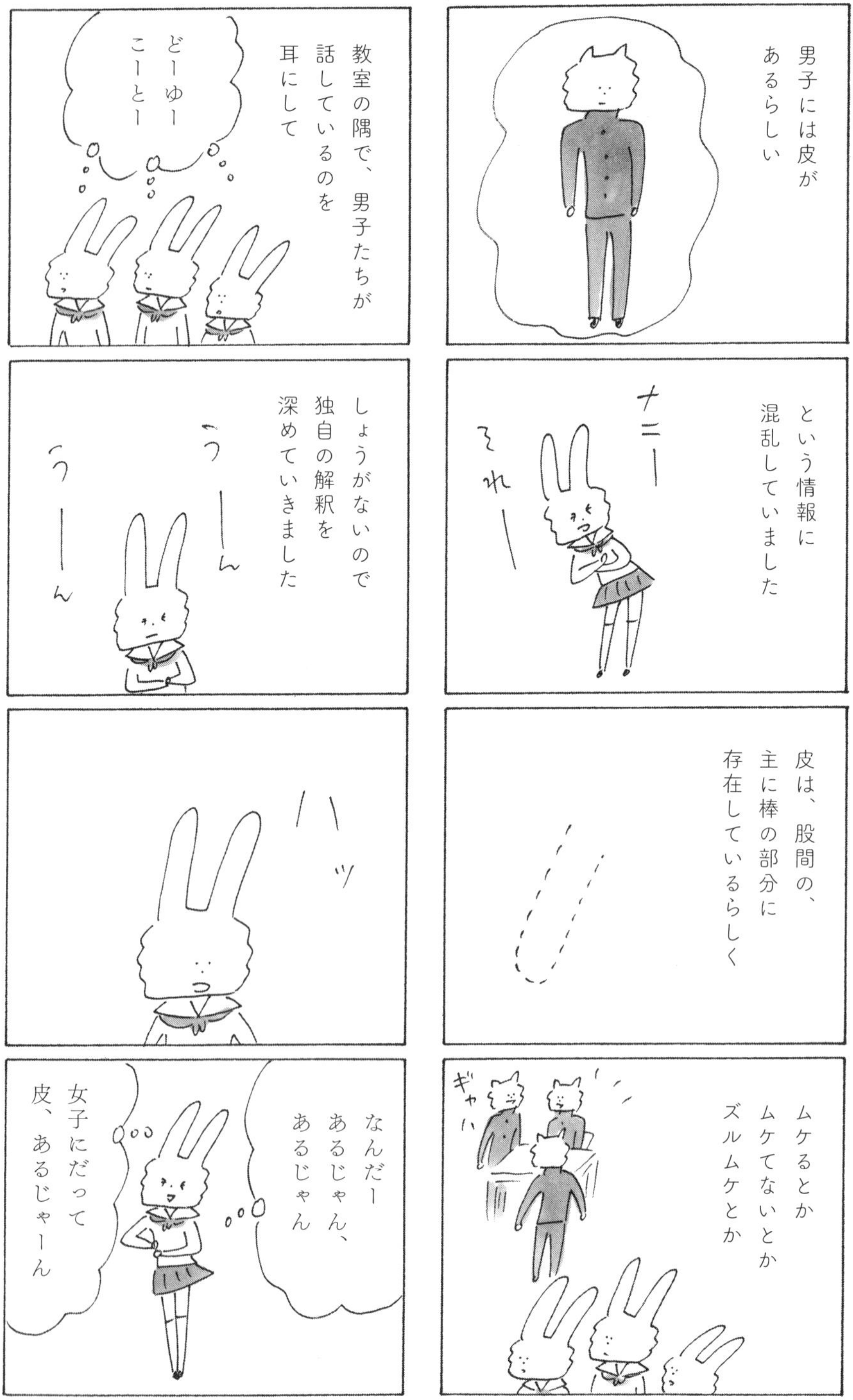
男子には皮が
あるらしい
という情報に
混乱していました
ナニー
それー
皮は、股間の、
主に棒の部分に
存在しているらしく
ムケるとか
ムケてないとか
ズルムケとか
ギャハハ
教室の隅で、男子たちが
話しているのを
耳にして
どーゆー
こーとー
しょうがないので
独自の解釈を
深めていきました
うーーん
うーーん
ハッ
なんだー
あるじゃん、
あるじゃん
女子にだって
皮、あるじゃーん

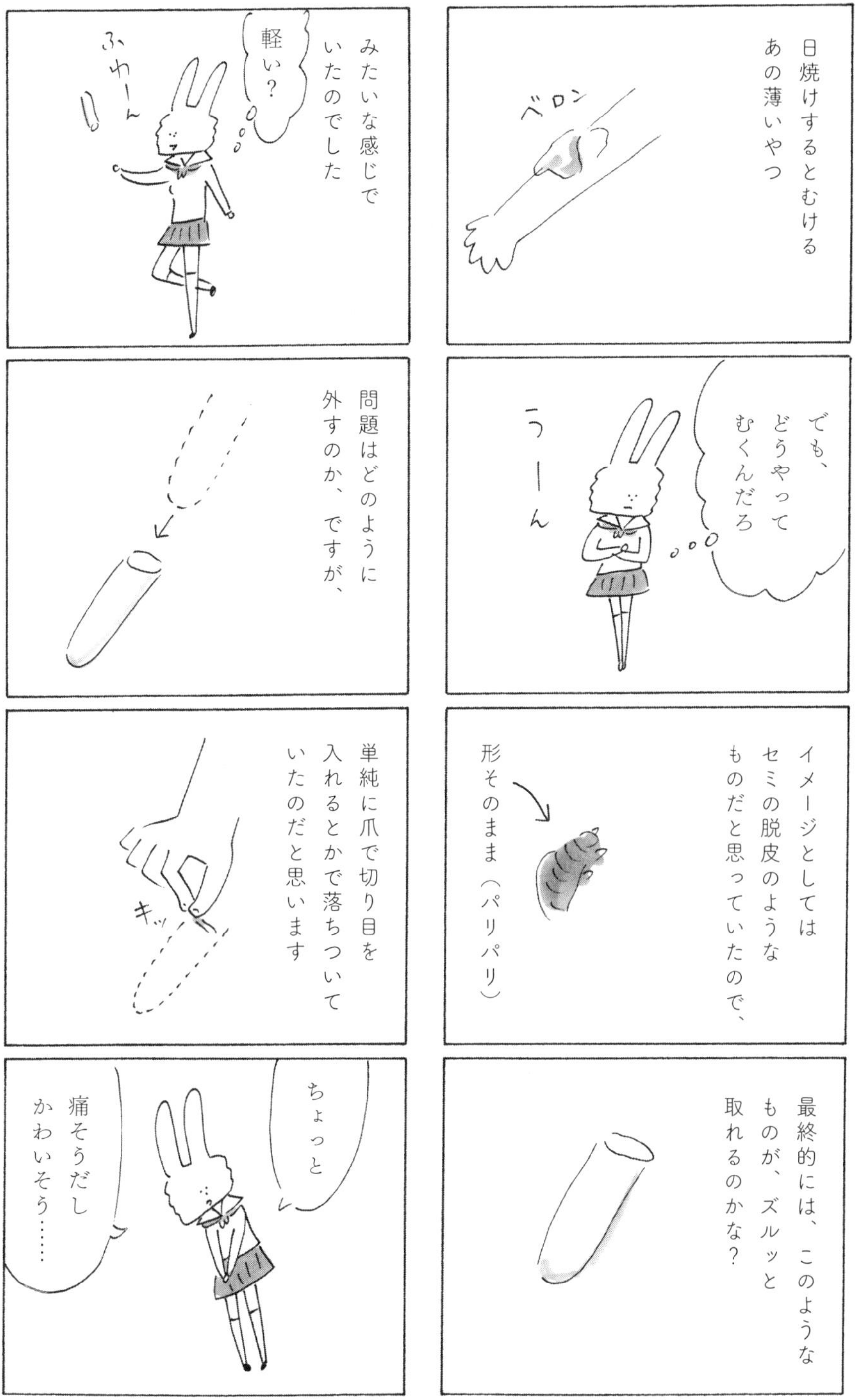
日焼けするとむける
あの薄いやつ
ベロン
でも、
どうやって
むくんだろ
うーん
イメージとしては
セミの脱皮のような
ものだと思っていたので、
形そのまま（パリパリ）
最終的には、このような
ものが、ズルッと
取れるのかな？
みたいな感じで
いたのでした
軽い？
ふわーん
問題はどのように
外すのか、ですが、
単純に爪で切り目を
入れるとかで落ちついて
いたのだと思います
キッ
ちょっと
痛そうだし
かわいそう……

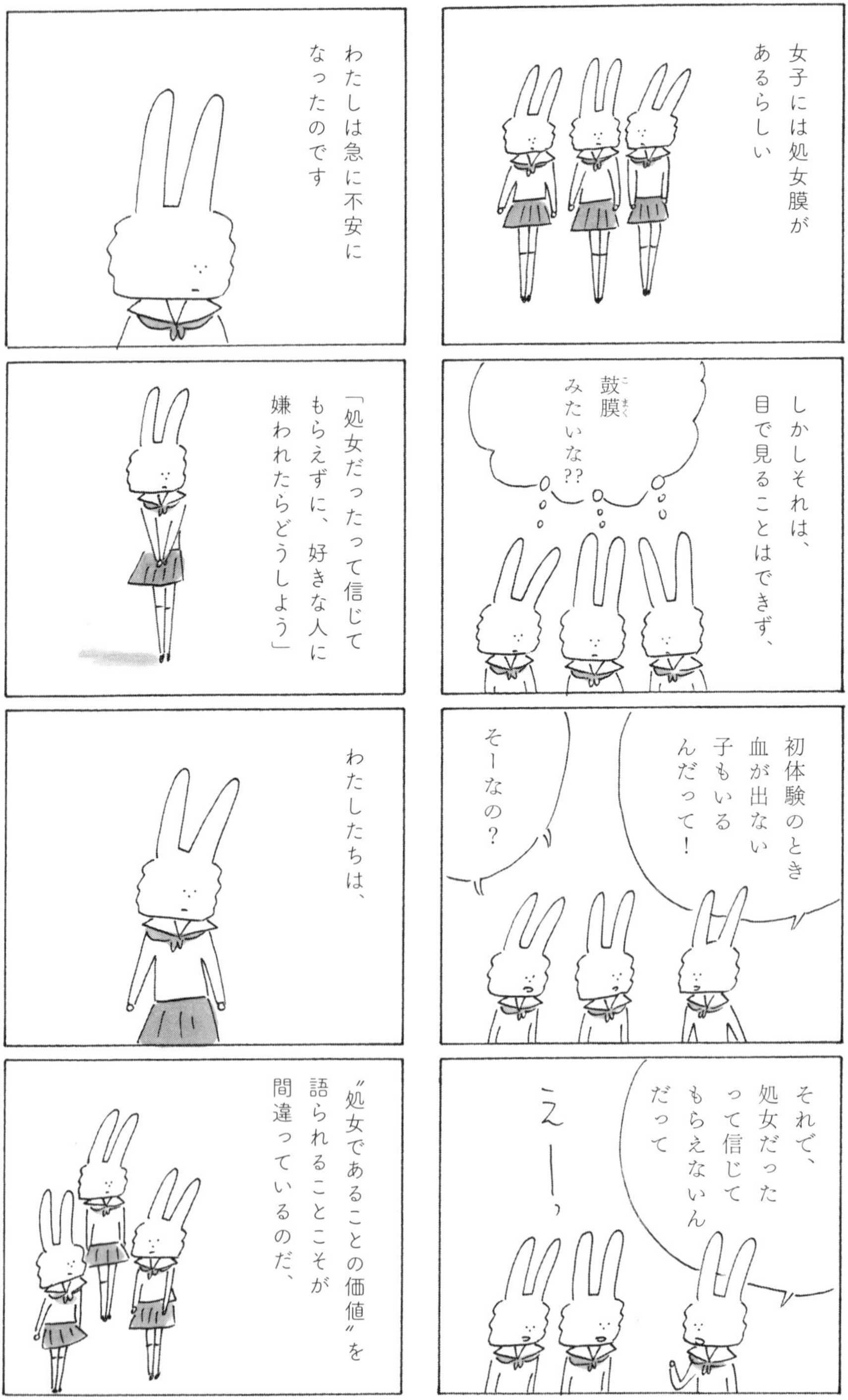
女子には処女膜があるらしい
しかしそれは、目で見ることはできず、
鼓膜《こまく》みたいな??
初体験のとき血が出ない子もいるんだって!
そーなの?
それで、処女だったって信じてもらえないんだって
えー
わたしは急に不安になったのです
「処女だったって信じてもらえずに、好きな人に嫌われたらどうしよう」
わたしたちは、
〝処女であることの価値〟を語られることこそが間違っているのだ、

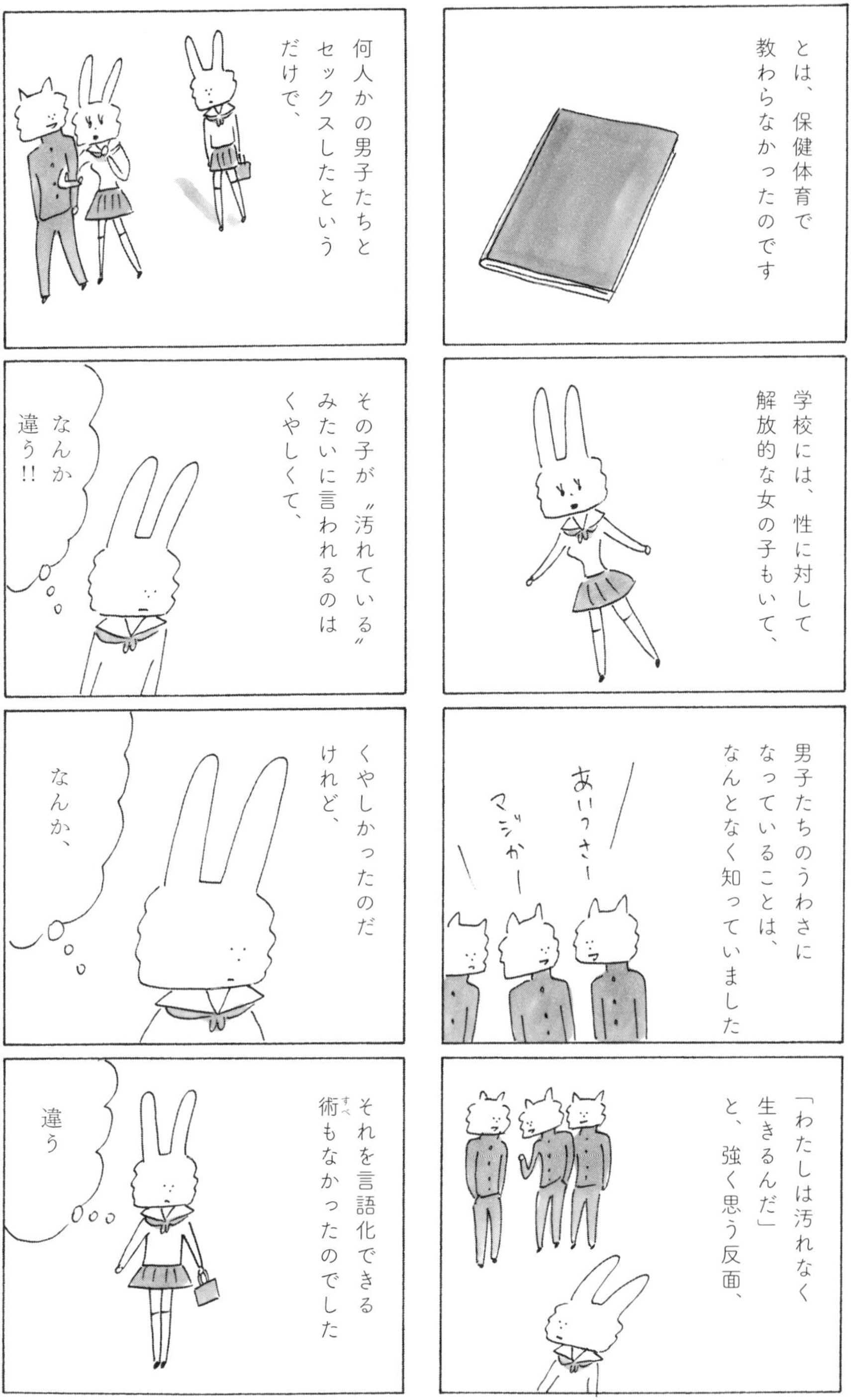
とは、保健体育で
教わらなかったのです
何人かの男子たちと
セックスしたという
だけで、
学校には、性に対して
解放的な女の子もいて、
その子が〝汚れている〟
みたいに言われるのは
くやしくて、
なんか
違う!!
男子たちのうわさに
なっていることは、
なんとなく知っていました
あいつさー
マジかー
くやしかったのだ
けれど、
なんか、
「わたしは汚れなく
生きるんだ」
と、強く思う反面、
それを言語化できる
術《すべ》もなかったのでした
違う

皮

「一皮むける」という言葉のルーツを知らないけれど、中学生男子にとっては、それはどこまでも具体的な課題であった。むけてくる人と、むけないままの人がいて、むけているほうがいい、となれば、なんとかむこうとする。マンガ雑誌の裏広告には、とっくりセーターを鼻の頭まで覆った男性が、包茎《ほうけい》手術の必要性を訴え続けていた。あの広告は、むけさえすれば、次の日からモテモテになるかのような佇まいだった。

当然、修学旅行や部活の夏合宿の風呂場では、おまえ、むけてんのか、むけてないのかの、つばぜり合いが生じる。大きさの査定もさることながら、そっちの査定のほうがシビアになってくる。大きめのタオルで下半身を隠し続ける誰かは、もはや「見られたくないんです」と宣言しているのと同義であり、やんちゃ者が背後に回り込み、テーブルクロス抜きの要領でタオルを引っこ抜く。鈍い悲鳴と高笑いが風呂場に響き渡る。元も子もないことを言うけれど、そういうとき、どうしてだかやんちゃ者のソレは押し並べてデカくてむけていた。そう見えただけかもしれないのだが、どうしてだか地味っ子は、押し並べて小さくてむけていなかった。神様なんていない、と思う瞬間ではあった。

サッカー部の合宿で、先輩が言う。むけるためには、とにかくむこうとすること。少々理不尽なスローガン。その気持ちを本体に伝え続けることが大事で、本体を持って、皮を根元に向けて引っ張ってイテテテという行為を繰り返せばいい。でもその先輩は、人に熱弁するほどむけていなかったので自分たち後輩はあまり信じていなかった。

練習中、ひたすら怒鳴りつけてくるサッカー部のコーチは、練習が終わった後のお風呂の時間帯から途端に優しくなる。髪を泡立てながら、面白おかしい話をふってくれるのだが、こちらは髪を泡立てながら、コーチの話を上の空で聞きつつ、下半身を見る。ああやはり、むけている。堂々とむけている。ある日突然、朝起きたらむけているわけではないのだ。経年によってむけていくのだ。焦る必要などない。しかし、このままではいけないという焦りを持ってはおきたい。

当時、むけているのかどうかと問われれば、どっちかというと、と曖昧に伝えられるほどではあった。トイレで「小」をするときには、いつ横から覗かれてもいいように2本の指で根元まで引っ張った状態にしておく。これはおそらく、少なくない中学生男子が実行してきた防衛行為ではなかったか。

「ホーケー」という、気の抜けた響きが悪い。いかにも頭が悪そうである。たとえば「ボッキ」にある力強さが「ホーケー」には無い。聞けば聞くほど力の抜けていく日本語。ホーケーだとチンカスが溜まって不潔、とも連呼される。ホーケーでチンカスでフケツだなんて、人格否定に程近いだらしない言葉の響きの連呼ではないか。中学校に入りたての頃は毛が生えているかどうかという確認作業が行われたわけだが、あれは時が経てばペースは違えども押し並べて生えてくるから、弱者が生まれにくい。なかなか生えてこない人たちを突っ込んだところでさほどの盛り上がりはない。そうこうしているうちに生えてくる。

むける、むけないという一件については、残酷な差異が生じる。強者は弱者をいたぶり続けられるのである。女子たちは、おそらく男子が毛の有無やサイズの大小でやんややん
や騒いでいたことを把握していたはずだが、議論の本丸が徐々に、むけてる・むけてないにスライドしていったことを認識していた人は少ないだろう。むける、というのは義務ではなくあくまでも努力義務にすぎなかったはずなのだが、あの時分には強制力があった。絶対に負けられない戦いとして、何が何でもむかなければならなかった。個々が鍛錬を求められた。鍛錬を模索していた。

しかし筋トレを思い立った日だけ腕立て百回したところで筋肉がつくはずがないのと同様、いきなり思いっきりひっぱったところでむけるはずはない。思い立った夜に再び、痛みの限界値を超えてひっぱってみる。ひっぱりすぎて、ブチっと切れてベロンとむけたら、発狂するほどの激痛が走るのだろうけれど、その一回の発狂で絶対に負けられない戦いに勝てるのならば、その瞬間よ、さっさとやってこい、みんなそんな気持ちで身構えていた。しかし、張りつめた本体がそう簡単にぶっ壊れることはない。これは一発KO狙いではなく、徐々に攻めていって判定勝ちのように勝ち取るべきものなのだと渋々理解した。

クラスでほとんどしゃべらず、とにかく地味だった林田くんは、サイズ・毛量・脱皮、三拍子揃った本体を持っていた。お風呂場でも、いつも通りにあまり目立たないように隅っこにちょこんと座っていたのだが、がさつな連中が「うおーマジですげー」と、林田く

んの下半身へのリスペクトをいたずらに叫んだ。

林田くんとさほど親しいわけでもなかったのだが、クラスを上と下の二つに分ければ下同士だった自分は、林田くんがそうやって上を屈服させている姿を見て、誇らしい気持ちになった。ほれみろ、ざけんじゃねぇよと思った。ほんの一時期だけとはいえ、それくらい、むけている本体は、説得力として群を抜いていたのである。

見られたくないもの

男女のからだが入れかわる物語は昔からあるわけですが、
チェンジ
もし入れかわったとしたなら
え？
男子の下半身をさわってみたい
ひゃーっ
というより、
ハッ
自分のアノ、複雑な下半身を
おっ
男子たちはちゃんとお風呂で洗えるのだろうか？
おおーっ
と、心配になったものでした
いやー
まかせられなーい
とはいえ、
あ、でも

尿道には大変、興味があったわけです
もとにもどる
男子の尿道
出口はいかなることに？
穴があいているであろうことは、当然わかるのですが
針の穴みたいに小さいやつ？
それが、どのような配置で並んでいるのかが知りたかった
タテ？
そうなのです
ヨコ？
先端にはふたつの穴が存在するのだ、ということに
A案
B案
わたしの中ではなっていたのでした
ナナメは美しくないな

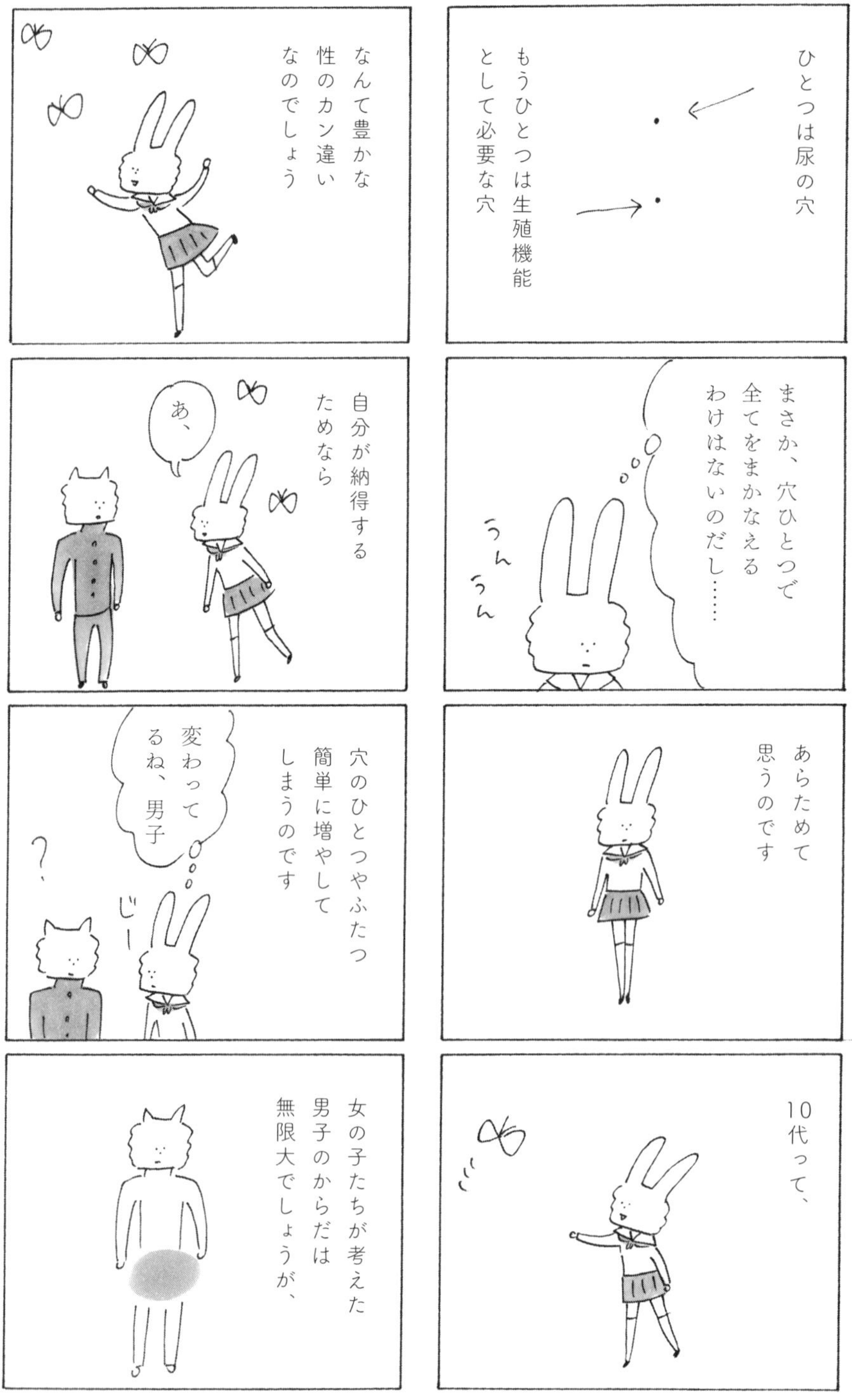
ひとつは尿の穴
もうひとつは生殖機能として必要な穴
なんて豊かな性のカン違いなのでしょう
まさか、穴ひとつで全てをまかなえるわけはないのだし……
うんうん
自分が納得するためなら
あ、
あらためて思うのです
穴のひとつやふたつ簡単に増やしてしまうのです
変わってるね、男子
?
じー
10代って、
女の子たちが考えた男子のからだは無限大でしょうが、

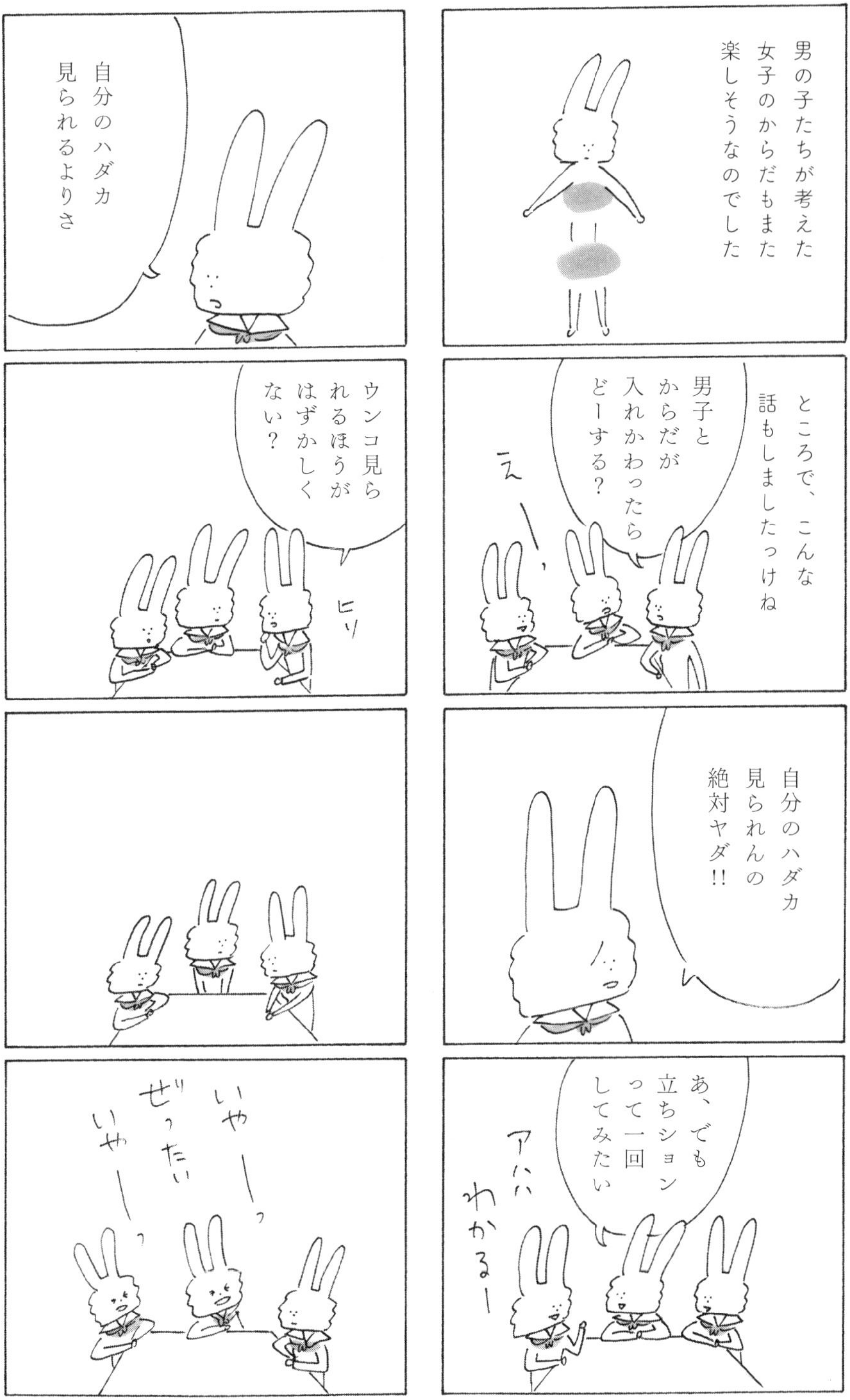
男の子たちが考えた女子のからだもまた楽しそうなのでした
ところで、こんな話もしましたっけね
男子とからだが入れかわったらどーする?
えー!
自分のハダカ見られんの絶対ヤダ!!
あ、でも立ちションって一回してみたい
アハハわかるー
自分のハダカ見られるよりさ
ウンコ見られるほうがはずかしくない?
ヒソ
いやー
ぜったいいやー

イヤホン半分こ

中学後半から高校にかけて少しずつカップルが増えてくると、彼らはまず、そのアツアツっぷりを四方八方に見せびらかすことで熱を最大化しようと試みる。休み時間ごとにわざわざ廊下で落ち合い、廊下に座り込みながらどことなくタッチし合うカップルが現れ始める。

廊下全体でテニスボールを使ったサッカーをやっていた身からすると、カップルはただでさえ障害物だというのに、すれ違う度に「特に羨ましがっているわけではないオレ」を毎度アピールせねばならず、そんなに仲良くもないのに、逆にフランクに話しかけてしまうというジレンマを抱えていた。大人になった今、「落ち着いているよね」と言われることが多いのだけれど、それはもしかしたら、次々と誕生していくカップルにちっとも動揺しないオレ、という態度を繰り返し表明していたからかもしれない。そこにいる女子の気持ちを推し量る機会などなく、カップルを前に「動揺せずそのままでいる」耐性ばかりが鍛え上げられていたのである。

結構仲が良かった高崎君が猫なで声の女子と付き合い始めたのはショックだったけれど、例のごとくそのままの態度で接していた。猫なで声は授業が終わるたびに高崎君の机のところまでやって来て、いかにも可愛らしさを満開にして彼の机にちょこんとお尻を乗っけて、彼を見下ろすようなポーズをとる。高崎君は「鼻の下を伸ばす」という比喩を具現化するように、表情を崩して嬉しそうにしている。

カップルたちの必殺技であるイヤホンの共有を始める。片方を高崎君、片方を猫なで声。彼は洋楽ロックに詳しく、同じくロック好きの自分と音源を共有することも多かった。だから、「これはオアシスって言ってね、リアムとノエルって二人はいっつも喧嘩してばかりなんだよね」と告げる高崎君のトークに「うそ〜大変〜仲良くすればいいのに〜」と適当に答えて瞳をウルウルさせている猫なで声が許せなくなった。こちらはオアシスをさほど好きではなかったにもかかわらず、自分たちの大切な音楽が汚されたような気がしたのだ。

ある日、子宮のものまねを得意としていた今井君が、片方のイヤホンを渡してきた。「これ、聞いてみなよ」。最近お気に入りのバンドを紹介してくれるのだろうか。カップルの特権「イヤホン半分こ」を、今井君とする。片方の耳を入れる。ガタンゴトンと電車の通る音がする。「日暮里〜日暮里〜」とのアナウンス。「何コレ？」「まぁ、いいからいいから」。男女が他愛もない会話をしている。冷蔵庫を開ける音がして「飲む？」「あっ、うん」「オレンジジュース？」「あっ、うん」「はいよ」「ありがと」。ホテルの一室か何かだろうか。「何コレ？」「まぁ、いいからいいから」。しばらく会話が止む。再び電車の通る音がする。吐息のような声が聞こえ始める。その声がだんだん荒くなり始める。雄々しくなり、女々しくなる。

「これって……」「うん、テープ」「どういうこと？」「秋葉原で買ったんだよね。100

0円もした。もうエロは写真でも映像でもなく、音っしょ」「盗聴テープってこと？　どうやって手に入れるの？」「うん、闇ルートでね」

今井君が発した「闇ルート」という言葉にとにかく興奮。その興奮を察した今井君。「あいつらがあれなら、こっちはこれ」と、本来バトルできる立場ではないのに、対抗措置としてのエロテープを促してきたのだ。後々調べてみれば、盗聴風のエロテープが流行ったのは80年代前半のことで、90年代後半にはすっかり下火になっていたはずなのだが、エログッズを取り扱うお店の片隅などではしぶとく売られていたのかもしれない。「半分こ」している連中を眺めながら、今井君から借りたテープを聴く。今思えば、事に及んでいる二人の会話が明らかに過剰。全てが説明的。これこれこういうことをしてくれよ、ええ、してあげるわ、と懇切丁寧な音声が続く。

休み時間にエロ本を読む輩がいるはずもないし、AVのやり取りにしても白昼堂々というわけにはいかない。トイレ、放課後、帰宅時のコンビニなど、ある一定の秘匿性が必須だった。でも、エロテープはいつだってどこだって大丈夫。白昼堂々エロスを持ち込んだ今井君へのリスペクトが高まる。その白昼堂々は、増殖するカップルの大抵が自慢げに見せびらかすイヤホン半分こを蹴散らす力を持っていた。平然とした顔でエロテープを聞くというパンクな行動は、社会に抗ってきたロックを猫なで声に易々とお裾分けしてしまった軟弱な高崎君と比べて俄然ロックだぜ、と勇み立つ動機にもなっていた。イレギュラーなエロは「ロック」、という認識に助けられていた。

今井君に、カセットを一日だけ貸してほしいと申し出た。カセットからカセットへの録音にありがちな、元の音声を消してしまうという事態だけは避けてね、と釘をされた。音声を流しながらでなければカセットからカセットへの録音ができなかった自宅のコンポでは、その日の夜に録音することは出来なかった。録音できないまま今井君に返却してしまったのだが、「半分こ」している彼らに向けてエロテープで対抗したことは一つの自信に繋がって、猫なで声がいよいよ高崎君の膝に座るようになっても、こちらは動揺することなく、涼しい顔で見届けることが出来た。

というのは勿論ウソで、猫なで声と色々と経験を重ね、遠く離れていく彼にこれ以上無い嫉妬を向け続けたのだが、「オマエ、エロテープ聞いたことあんの？」というフレーズは最終兵器として心の中に温存された。ヘンテコな論理だが、あのとき、論理なんてヘンテコで構わなかった。今井君は今、劇団を主宰して、劇作家をしている。何度か呼ばれたアフタートークでは、この話をした。だってあれは、僕らの確固たるルーツの一つだから。

シフトするパンツ

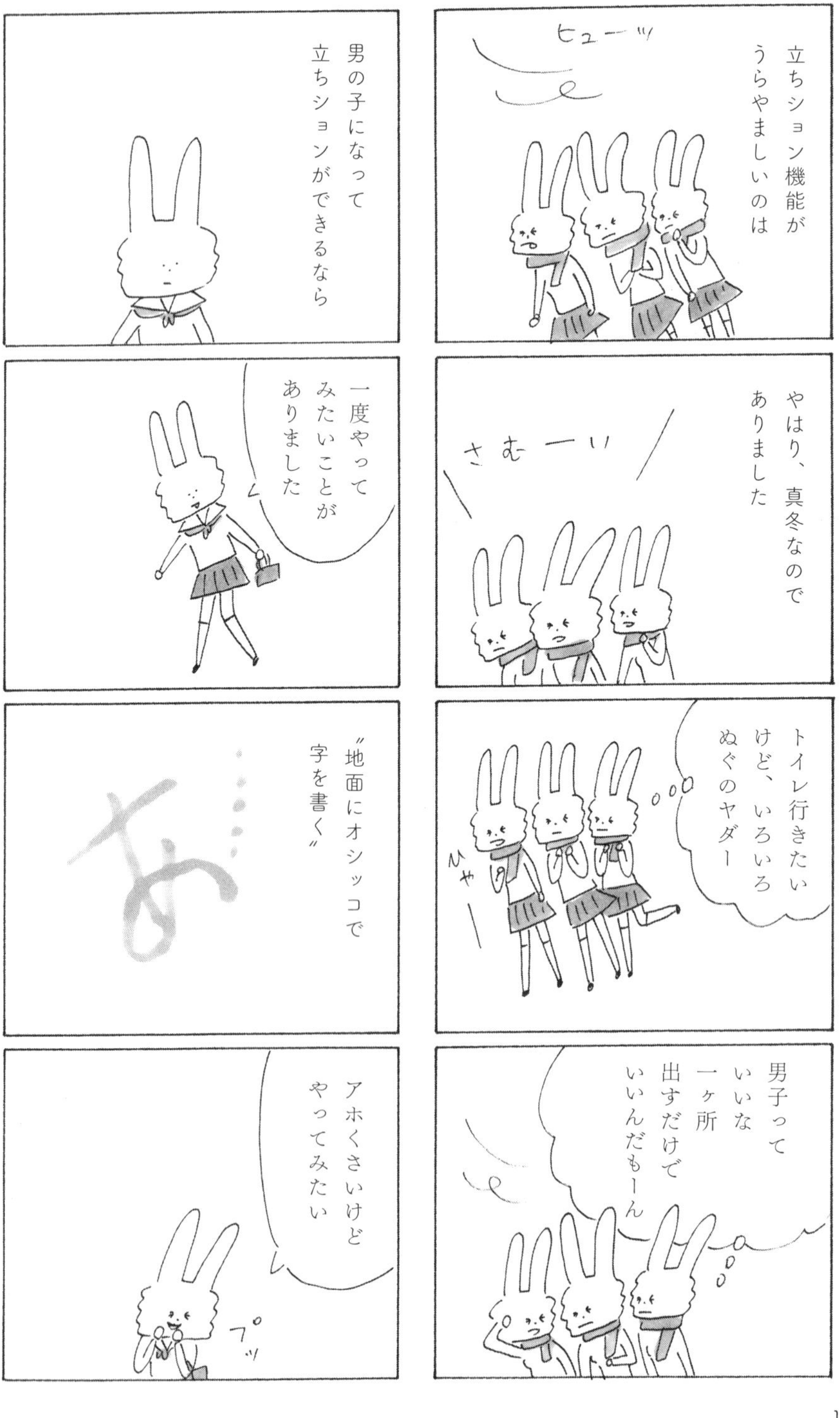
ヒューッ
立ちション機能が
うらやましいのは
やはり、真冬なので
ありました
さむーい
トイレ行きたい
けど、いろいろ
ぬぐのヤダー
ひゃー
男子って
いいな
一ヶ所
出すだけで
いいんだもーん
男の子になって
立ちションができるなら
一度やって
みたいことが
ありました
〝地面にオシッコで
字を書く〟
お
アホくさいけど
やってみたい
プッ

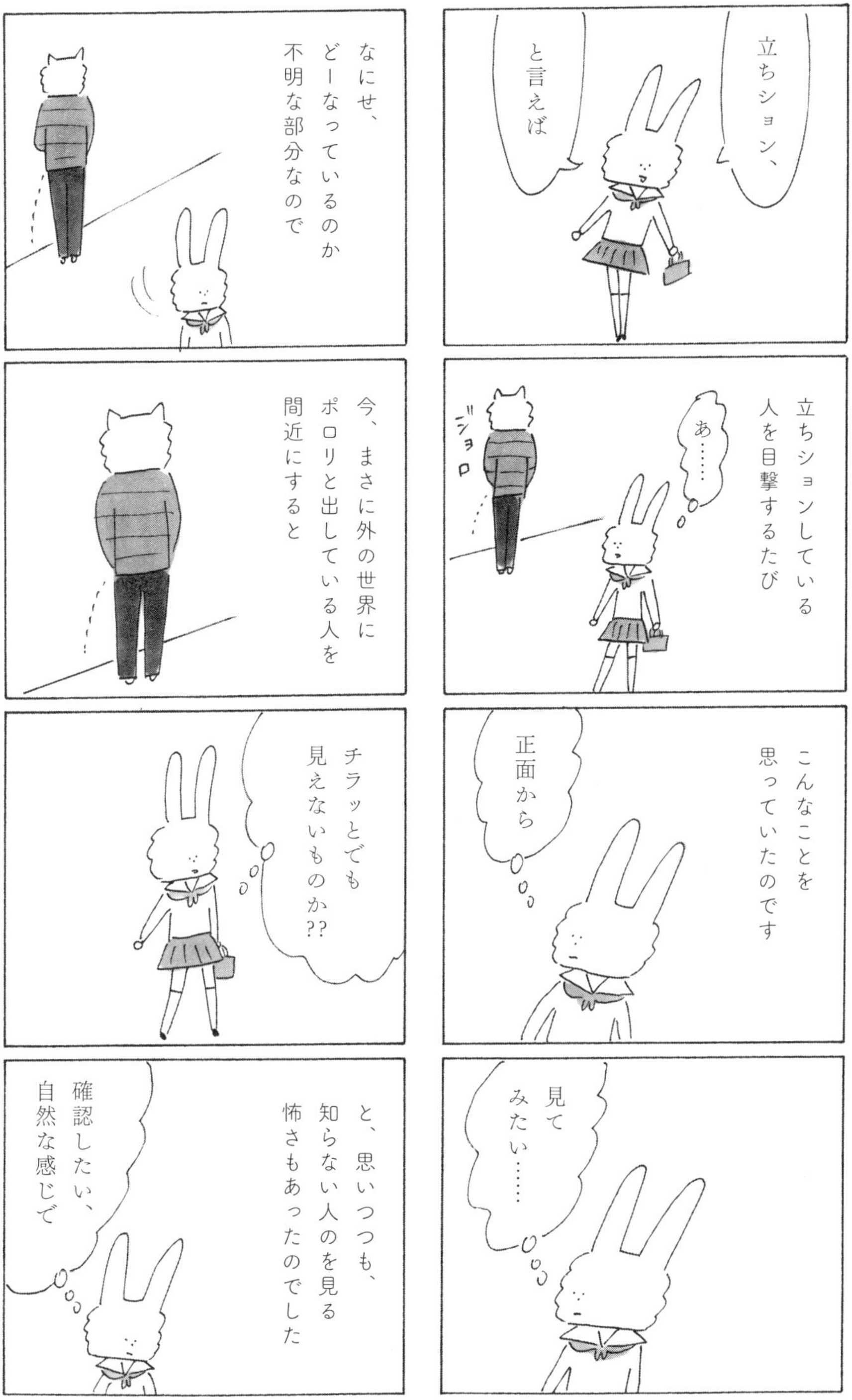
立ちション、
と言えば
立ちションしている人を目撃するたび
あ……
ジョロ
こんなことを思っていたのです
正面から
見てみたい……
なにせ、どーなっているのか不明な部分なので
今、まさに外の世界にポロリと出している人を間近にすると
チラッとでも見えないものか??
と、思いつつも、知らない人のを見る怖さもあったのでした
確認したい、自然な感じで

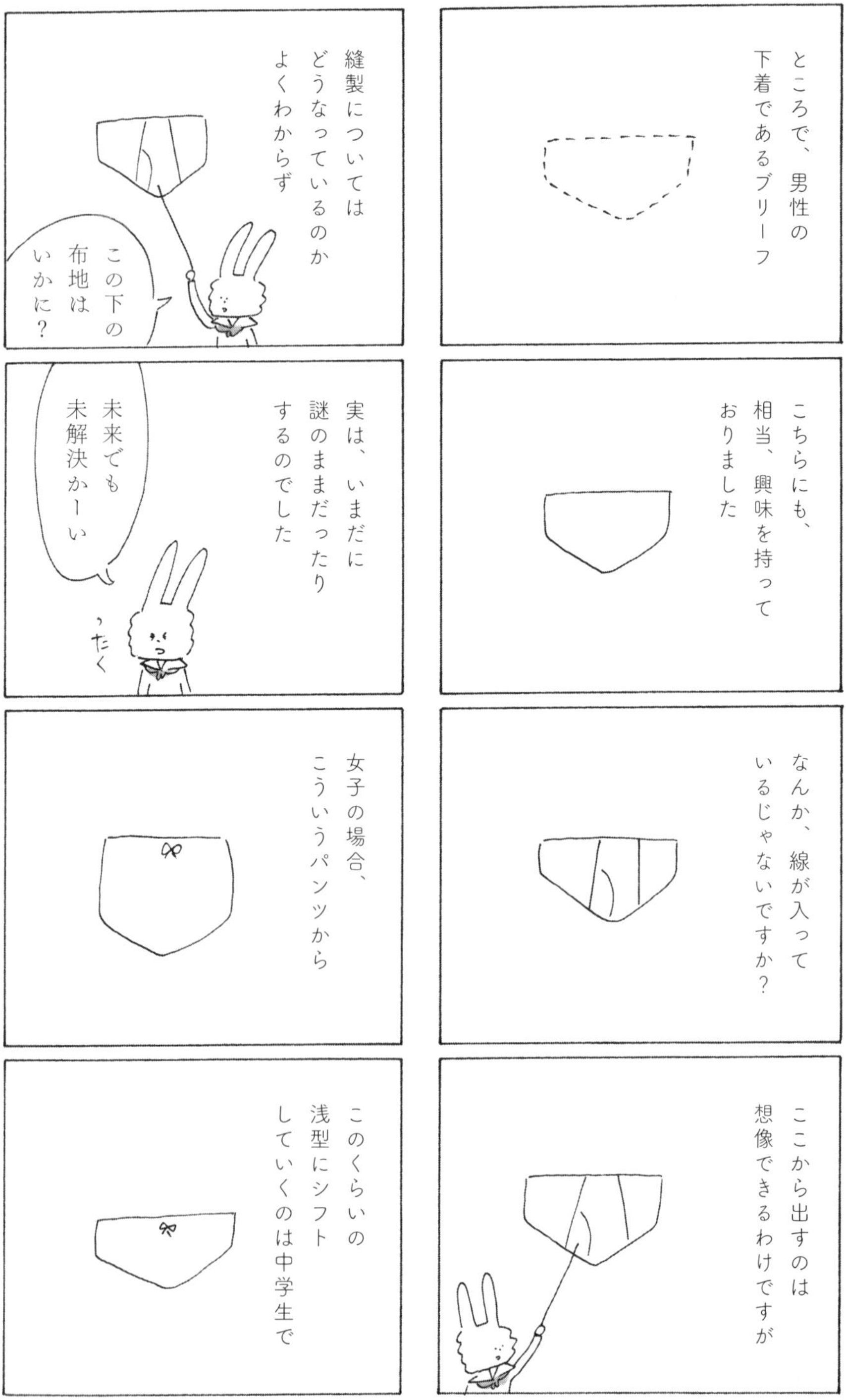
ところで、男性の
下着であるブリーフ
こちらにも、
相当、興味を持って
おりました
なんか、線が入って
いるじゃないですか？
ここから出すのは
想像できるわけですが
縫製については
どうなっているのか
よくわからず
この下の
布地は
いかに？
実は、いまだに
謎のままだったり
するのでした
未来でも
未解決かーい
ったく
女子の場合、
こういうパンツから
このくらいの
浅型にシフト
していくのは中学生で

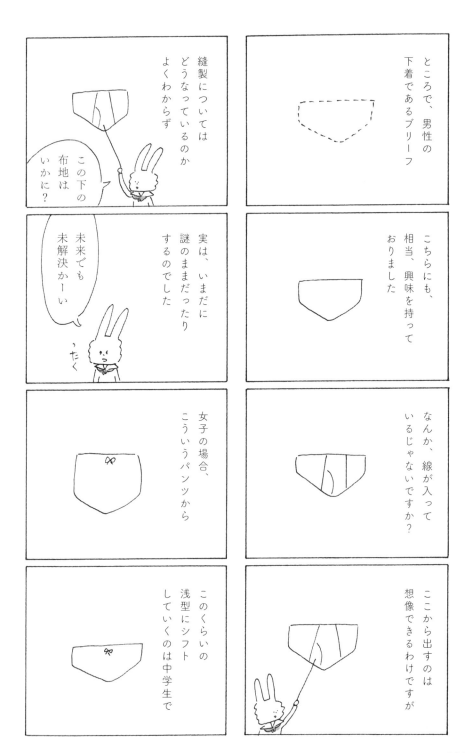

高校の修学旅行では
ほぼ仕上がってきており
ました
はじめて小さい
パンツをはいたときは、
かなりの違和感が……
ん?
なんか、
半分って感じ!!
きもちわるー
おなかも冷えました
ひゃー
これからずっと
こうなのか
と、思うと
子供のままでは
いられないんだな、と
しょんぼりした
気持ちになったの
でした

金さえあれば

接触を伴うエロチックな異性交遊が身近に生じなかったのだから、自分たちはエロのサインの収集に励んだ。当時、冴えない中学生が回し読みしていたいくつかのカルチャー誌は、数ヶ月に一度、豪快に浮ついたエロ特集を組み、実際のエロとは程遠い日々を送る自分たちに向けて、勢い任せのエロを強気で提供してくれる頼もしい存在だった。前回のエロ特集とさほど変わっていないことを自覚してはいたものの、そんなことは気にしてはならぬと、みんなで貪り読んだ。

「ボディタッチは好意を持っている証拠」に始まり、「髪をいじくりまわすのはムラムラしているから」と続き、「女子は夏休みに開放的になるから、偶然会った同級生に話しかけろ」といった類いの羅列を敢えて疑わずに端から端まで信じ込む。いくつも情報を備蓄し、女子から提供されるサインを見逃すまいと血眼《ちまなこ》になっていた。

年齢が少しだけ上のお姉さんたちの「赤裸々初体験告白」なる記事を発見、湘南だか九十九里浜だかのビーチで聞いたアンケートが並ぶ。簡略化すれば「その場の勢いっしょ、テヘヘ」というテンションに満ちている。回し読みを重ねた正直者たちは「とにかく勢いで何とかなるらしいぜ」という結論を即座に共有する。自分たちにも、近いうちにそういう機会がやってくる、と信ずる。おい、今日行かずしてどうする、みたいな日が来るのだ。あらゆるサインを見逃さない態勢を整えまくっていた。

家から自転車を10分ほど走らせたところに2階建ての大きなスーパーがあり、1階の奥のほうに小さなCDショップがあった。そこには、販促に使い終わったポスターが「ご自由におとりください」と段ボールに突っ込んで置いてあり、部屋中にロックバンドのポスターを貼りまくっていた自分は、新たに貼るべきポスターが放出されていないか、頻繁にお店に出向いて確認していた。その箱はレジの真横にある。コソコソと箱のそばに体を寄せるものの、レジからは「出た、またこいつか」と少々冷たい視線を向けられてしまう。

ある夏休みの午後、自分の好きなハードロック系のポスターが潤沢に放出されていたので根こそぎもらうことを決める。レジからは毎度の「まぁいいけどさ」という呆れた顔。こういうときは、120分カセットテープを買う。いくつかの深夜ラジオを録音していたから定期的に買う必要があったのだが、CDショップで買うと160円くらいする。家電量販店で買えば100円だったから、60円分をそのショップへの謝礼の気持ちで上乗せして払っていた。今日はこんだけもらったんだし、カセットを買っておくか、とレジへ持っていく。

お釣りを待っていると、「あれ、武田くん?」と話しかけてくる。クラスの女子だ。しかも、自分たちの仲間のあいだでは「何かと進んでいるグループ」と特別視されていた中にいた一人。あわあわしていると「何買ったの?」とのぞき込んでくる。出た、恐ろしいほどの積極性。雑誌で読んだやつだ。

カセットを買ったことを告げると、再び食い気味に「えーえー、何に使うの?」と聞いてくる。「あ、深夜ラジオを」とまごつきながら答えると、またしても食い気味に「何の番組を録るの？」と聞いてくる。恐ろしいほどの積極性がいつまでも止まらない。

これまで読んできた雑誌のエロ特集のあれこれで得た情報を急いでおさらいする。「体を密着させてくる」「上目遣いなら好意のしるし」。距離、近い。目、上目遣い。今日、夏休み。キャミソール。

この頃のエロスって、好都合な頭の動きでずんずん先へ突き進めていた。だから、上目遣いで話しかけてきた夏休みの女子と、もしかしたらこれからフードコートに行ったりするのかもしれないし、その後の意気投合具合によっては然るべき関係に発展していく可能性がある、と瞬間的に今後の展開まで膨らませることが出来た。しかし、膨らんだ発想というか着想というか妄想に付き合ってくれないのが女子側で、「ってか、なんでそんなにポスター持ってんの」とケタケタ笑い始めた。レジの中が少し微笑んでいる。身勝手な妄想がすーっと醒めていく。

「あっ、あの、偶然なんだけど、好きなバンドの、ポスターがさ、あったもんだから、もらっていいこっかなって思ってさー」と、丁寧なんだかしどろもどろなんだか分からない口調で話す。「ふーん。じゃあね」と、興味のある・なしすら表明せずにレジが終わったこちらをすぐに振り払おうとする。なんだ、フードコートには行ってくれないのか。「うん、じゃあ」との返しもろくに聞かず、そそくさ立ち去る。

夏休みが明けると、その日のエピソードを仲間内に披露する。当然、話はいくらだって盛られている。偶然にもアイツとCDショップで会って話し込んだんだけどさ、結構あいついい奴でさ、トークもすんげぇ盛り上がっちゃってさ。気が合ったっていうか。でもよ、マジで損したなって思うのは、そんとき、こっち、ほとんど金持ってなくて、金さえあれば、フードコートのとこで何か食べよっかとかさ、そういう流れにもなったと思うんだけどさ、さすがに金持ってねぇのダセーじゃん。ついてねぇーよな。

羨望の眼差しを向ける仲間たち。一通り皆々に伝達した何日か後に、仲間たちといるところに彼女が通りかかり「武田くん、こないだは偶然ー」と声をかけてきた。「あー、おー、うん、どもども」としどろもどろに返事をする。再び羨望の眼差しを向ける仲間たち。信じられないかもしれないが、これだけでもう、エロにおけるポジションとして一歩先に進んでいた。しばらくの間、周りからスゲェなと思われてたし、何より自分が、スゲェだろと思っていたのだ。

コートの前を開いたら

「露出魔」の話です
ろしゅつ
実は、わたしは出会ったことが一度もないのですが、
高校の友人たちはたまに遭遇しておりました
ダッ
ちょっと聞いて!!
きのうヘンタイ見た!!
なーにー
なーにー
コート着たオジサンがー
普通にこっちに歩いてきてさー
そーそー
バッとコートの前を開いたらさー
ズボンもパンツもはいてなかった

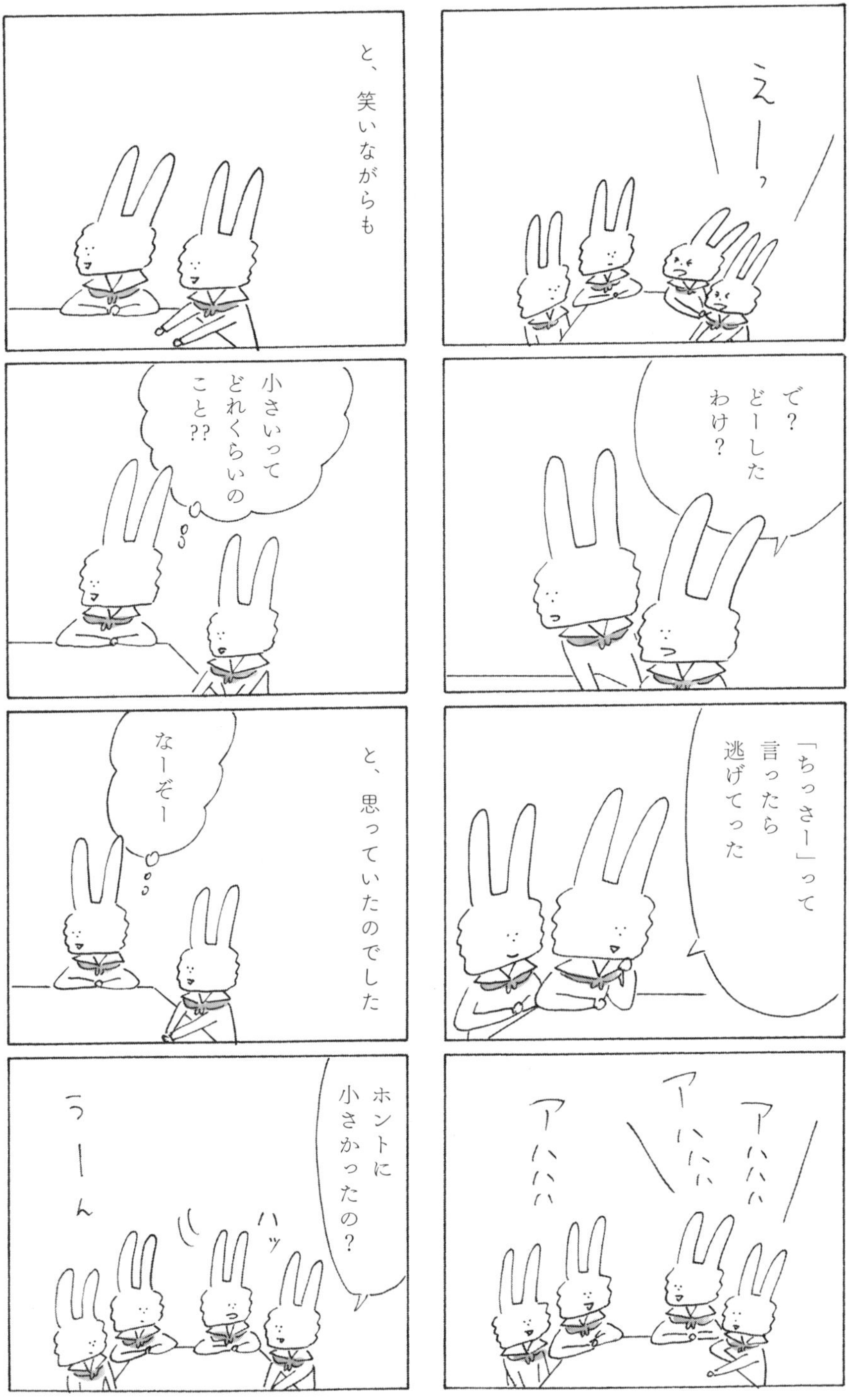

えーっ
で？
どーした
わけ？
「ちっさー」って
言ったら
逃げてった
アハハハ
アーハハハ
アハハハ
と、笑いながらも
小さいって
どれくらいの
こと??
と、思っていたのでした
なーぞー
ホントに
小さかったの？
ハッ
うーん

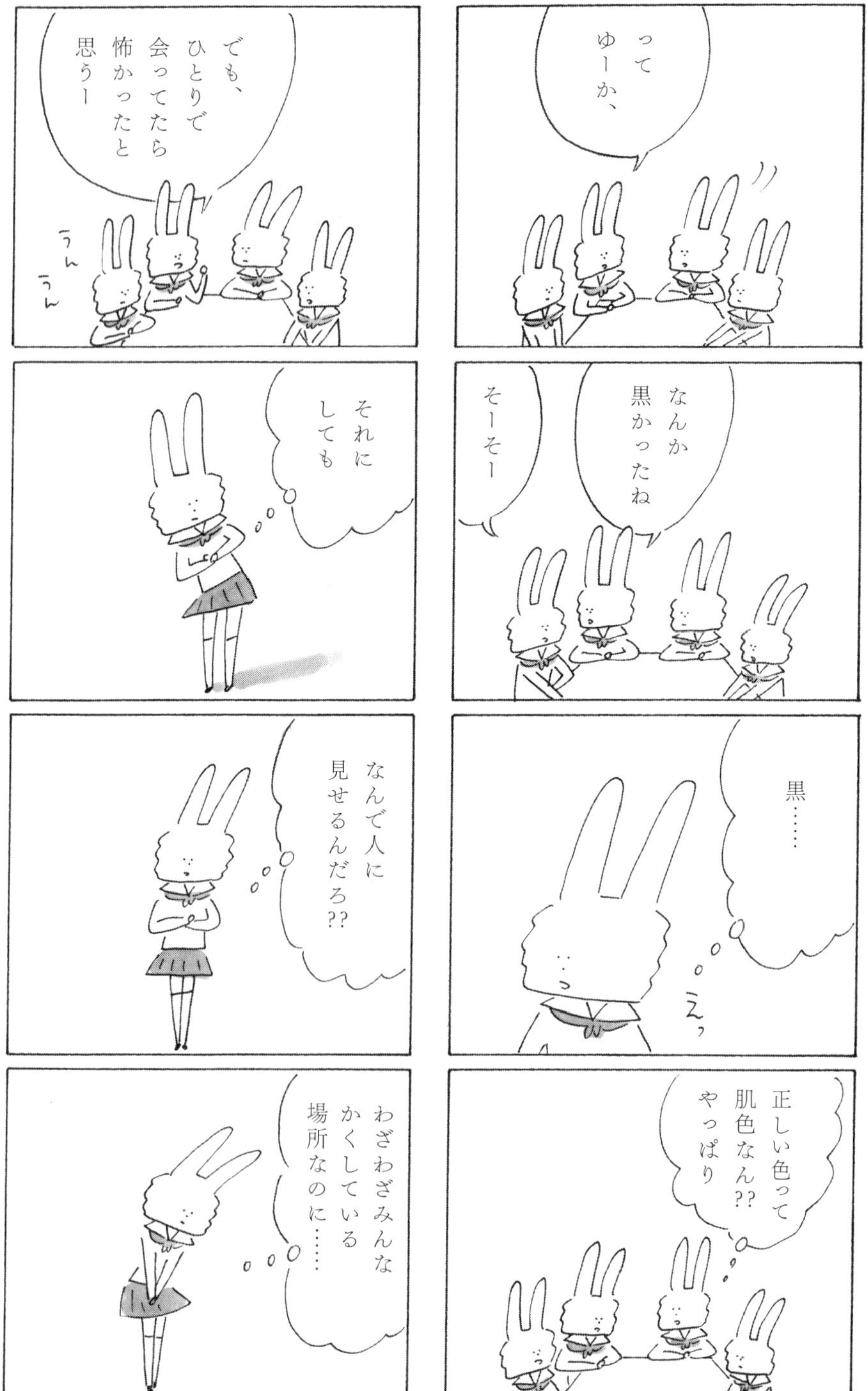
って
ゆーか、
でも、
ひとりで
会ってたら
怖かったと
思うー
うん
うん
なんか
黒かったね
そーそー
それに
しても
黒……
えっ
なんで人に
見せるんだろ??
正しい色って
肌色なん??
やっぱり
わざわざみんな
かくしている
場所なのに……

性の世界は、わからないことばかりでした
見せなくていいじゃーん
でも、
でも、
「ちっさー」なんて言われて、その人傷つかなかったのかな
ちょっとかわいそう……
しゅん
などとつい思ってしまうのが
若き日の
あやうさなのでありました

ビデオが詰まった

中学サッカー部では控えのゴールキーパーとしてベンチを温め続けていたが、ようやくそのポジションから離れることになったのは中学3年の春すぎだったろうか。正ゴールキーパーに昇格したわけではなく、控えゴールキーパーの座を下級生に奪われてしまった。そいつが嫌な奴なら怒りの矛先として豪快に設定できたのだが、とってもイイ奴。「マジ、先輩がいてくれたからこそっすよ」と、今思えば説得力に欠ける熱弁を受けて、すっかり上機嫌。

学生スポーツ方面、主に高校野球の美談として量産される、スタンドの応援団にいる控え選手だけど精神的な支柱でもある、というような状態ではなく、主たる業務は、チームの構想からはみ出された者たちの邪念の捌け口であった。試合形式の練習となれば、早速コートの外で待機だから、主な仕事といえば、さおだけ屋のテープのように一定のペースで「ファイットォォー!」と叫ぶことくらいのもの。

試合形式の練習から外される数名の同級生がいて、今思い返せば、あの数名と定期的な「ファイットォォー!」以外の時間に交わした、すさまじい量の雑談は、性格形成に大きな影響を与えたと思う。だって、スタメンチームやサブチームが一つのサッカーボールを追いかけ回している間に、こちらは、「もしも、あの角を曲がったところに鈴木あみがいたらどうする?」とか、「姉ちゃんのマニキュアを自分の左手に塗って、それでやってみたら興奮するんじゃないか」とか、そういう話に花を咲かせていたのである。あの頃のスタメン勢は今、「負けたら引退という大事な試合の終了間際に入れた劇的ゴール」のことを思い出して仕事で窮地に立たされた自分を「オレにはできる！」と励ましていたりするのかもしれないが、こちらはそんなざっくりとした成功体験を使わない。その代わり、交わした会話を事細かに記憶している。末端《まったん》の控えの記憶はスタメンの記憶よりきめ細かいのだ。

ある夏休みの練習日、いつものように試合形式の練習から弾かれた山岸君がどうにも浮かない顔をしている。なぜ自分が選ばれないのか、などという不満ではない。いつもならば「マックの割引券を使えるのが明後日までだから早く行かないと」など、サッカー少年とは真逆のトークが始まるのだが、ちっとも覇気がない。何かを抱え込んでいる。まさか思春期特有の甘酸っぱい悩みを抱え始めたのだろうか。取り急ぎ「ファイットォォー！」と叫んだ後、「どうしたの？」と聞くと、「……いやー、詰まったままなんだよ」と小さくこぼす。

ディフェンスとオフェンスのスペースのつくり方が雑で意思疎通が出来ていないから自陣にボールを持ち込まれたときにプレイヤー同士の距離が詰まったまま……なんて話をするはずはない。ＡＶがビデオデッキに詰まったまま出かけてきてしまったのだという。こうなればもう、試合形式の練習を見届けている場合ではない。

当時のビデオデッキは、まだまだ謎の作動不良というリスクを抱えていた。異常を知らせる音を発し、時に一切取り出すことが不可能な状態に陥る。強引に引っ張るとテープの部分がヒュルヒュルと抜けてしまい、悲劇が拡大する。コンセントから抜き、再度電源を入れるとただならぬ音を出しつつも、ビデオが顔を出す。安堵する。しかし、その日、山岸君ん家のビデオデッキは動かなかった。ビデオの中身が〝普通の素材〟であるならば、家族会議の末に電気屋にかけこむ選択肢もあるけれど、そういうわけにもいかない。

山岸君ん家は共働きの一人っ子。比較的〝観やすい〟環境にある。ベランダをかけまわるくらいの小さな兄弟がいるとか、二世帯でおばあちゃんがいるとか、住宅のCMに登場するような「理想の家族」に近づくほど〝観にくかった〟わけだから、山岸君はリスク最少鑑賞可能状態に置かれていた。

もう一回、「ファイットォォー！」を言った後、山岸君が重い口を開いた。

「朝から観てたんだけど、そろそろ準備しなきゃって思って、リモコンの停止ボタン押したら止まんないの。本体の停止ボタン押しても止まんなくて、取り出しボタン押したら止まることは止まったんだけど変な音がして、出てこなくなったわけ。電源入れ直したり、長いドライバーでビデオを引っ張ったりしたんだけど……」

「部活なんて休めばいいのに」。そう言い放ったのは自分だが、今振り返って、なんて優しいんだろうと惚れ惚れする。控え陣はサッカーへの姿勢にもそれ以外のことにもとても優しかった。その気遣いに感謝を示しつつ、山岸君が言う。

「でも大丈夫。親が帰ってくるのは6時くらいだし、それまでに何とかなると思う」。悲壮な顔をしている割には勇気のある見解。その日の練習は12時〜15時。練習が終わると、部室に戻り、シャワーを浴び、着替え、帰る。家に着くのは、早くても16時すぎ。18時くらいとはいえ、帰宅時間が前後することもあるだろうから、1時間少々で決着をつけなくてはいけない。山岸君は、その覚悟を決め込んで、今日の声出しに臨んでいた。決定力不足に悩むストライカーより、よほどたくましかった。

翌日、もちろん真っ先に山岸君を捕まえた。晴れやかな顔がその答えだった。「電源入れたら出てきたんだよ」。つまらないオチ。それだけ。これといった劇的なドラマは時にない。でも、山岸君の不安を、手にとるようにみんなで共有していた。

スタメン勢の多くと異なり、コート外の私たちはモテなかった。でも、想像力はあった。想像力だけがあった。定期的な「ファイットォォー！」の前後にいろんな話をした。山岸君は今、名古屋方面でスーパーの店長をしていると聞いた。たぶん、細かい気配りのできる、みんなに親しまれる店長さんになっていると思う。実際に会うと違うかもしれないから、会わずにそういうことにしておく。あの日の曇った顔と、翌日の晴れやかな顔を今でもクリアに思い出すことが出来る。

Hなビデオ

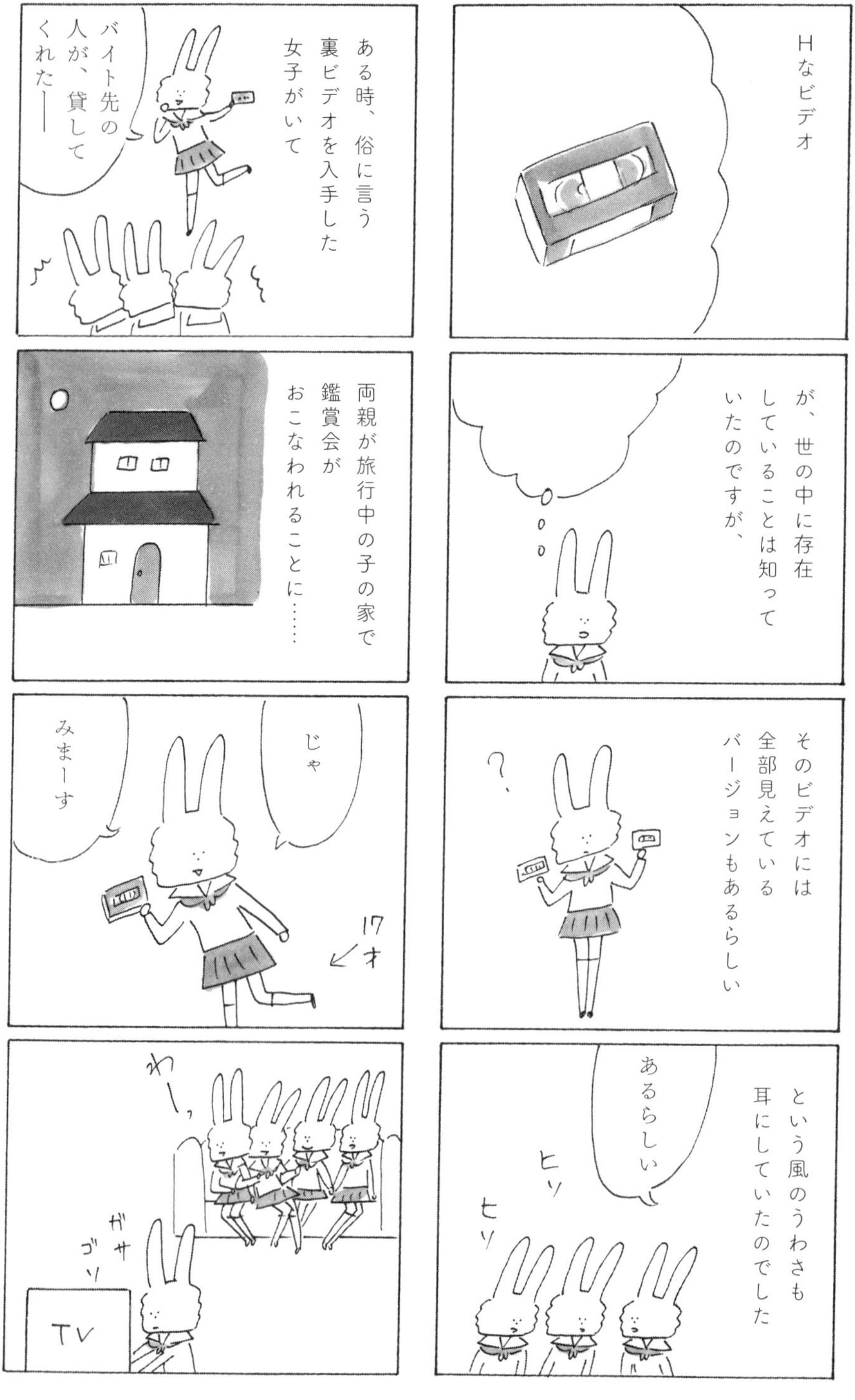

Hなビデオ
が、世の中に存在していることは知っていたのですが、
そのビデオには全部見えているバージョンもあるらしい
?
という風のうわさも耳にしていたのでした
あるらしい
ヒソ
ヒソ
ある時、俗に言う裏ビデオを入手した女子がいて
バイト先の人が、貸してくれた――
両親が旅行中の子の家で鑑賞会がおこなわれることに……
じゃ
みまーす
17才
わー
ガサ
ゴソ
TV

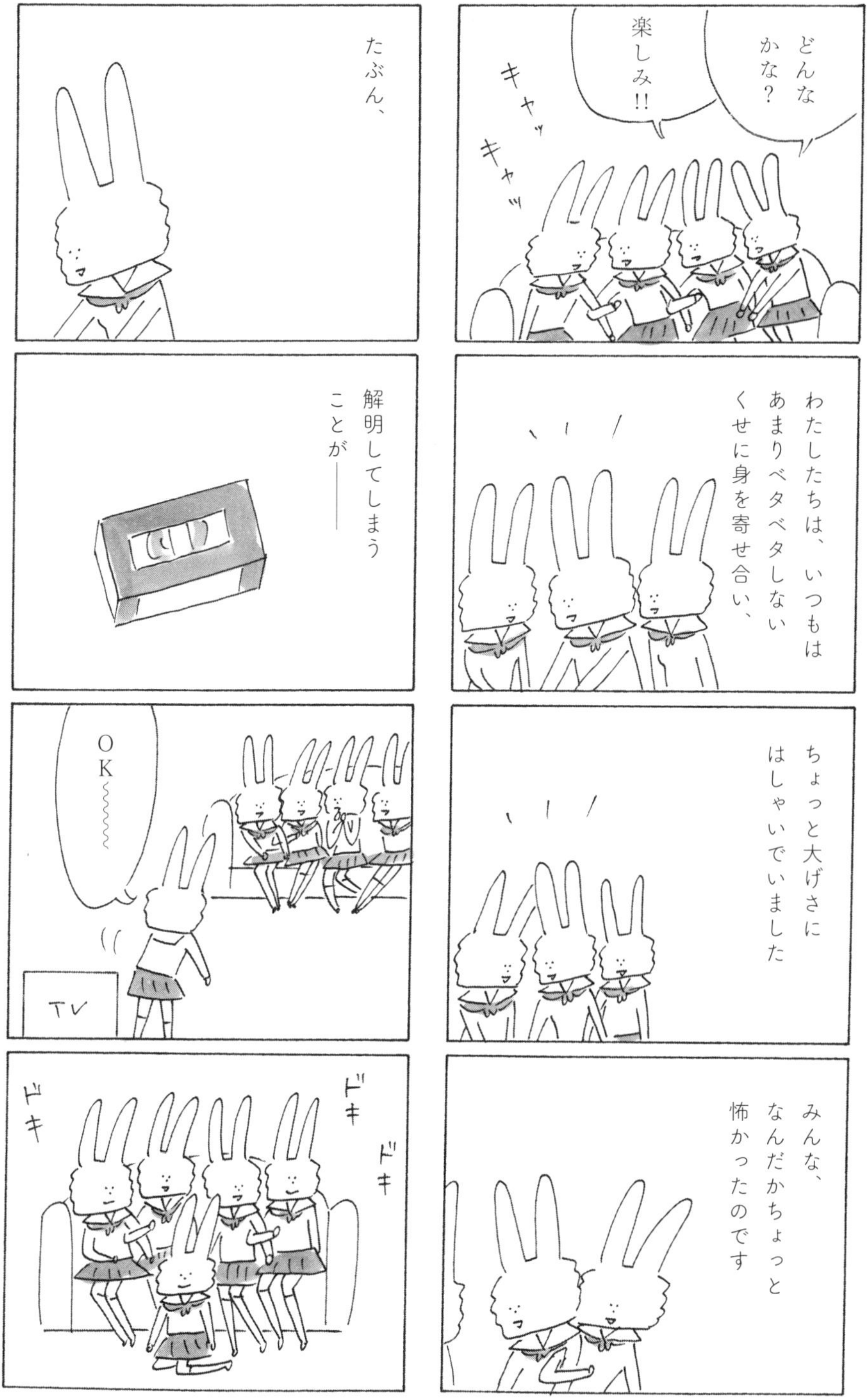

どんなかな?
楽しみ!!
キャッ
キャッ
たぶん、
わたしたちは、いつもはあまりベタベタしないくせに身を寄せ合い、
解明してしまうことが——
ちょっと大げさにはしゃいでいました
OK~~~~
TV
みんな、なんだかちょっと怖かったのです
ドキ
ドキ
ドキ

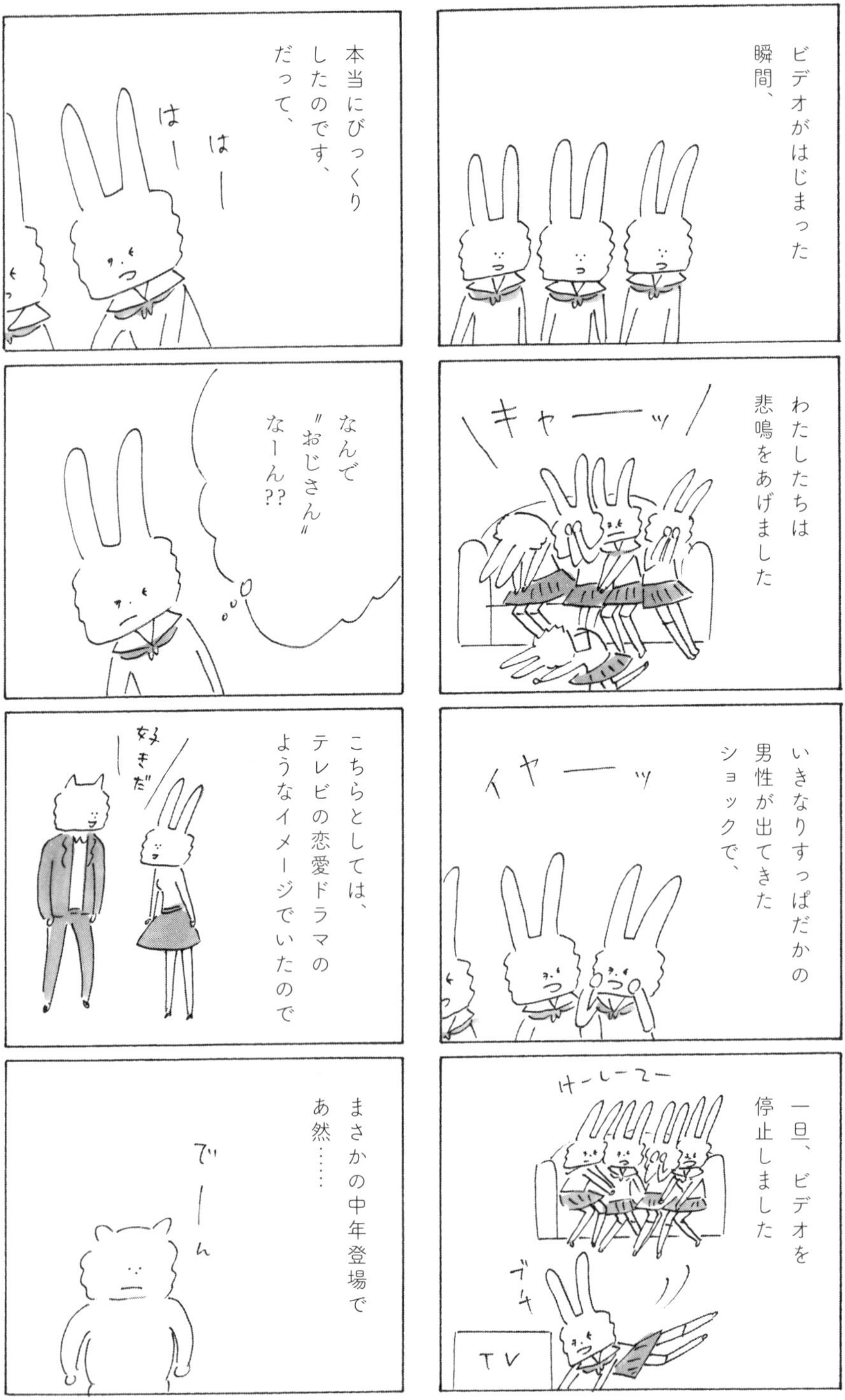
ビデオがはじまった瞬間、
わたしたちは悲鳴をあげました
キャーーッ
いきなりすっぱだかの男性が出てきたショックで、
イヤーーッ
一旦、ビデオを停止しました
けーしーてー
ブチ
TV
本当にびっくりしたのです、だって、
はー
はー
なんで"おじさん"なーん??
こちらとしては、テレビの恋愛ドラマのようなイメージでいたので
好きだ
まさかの中年登場であ然……
でーん

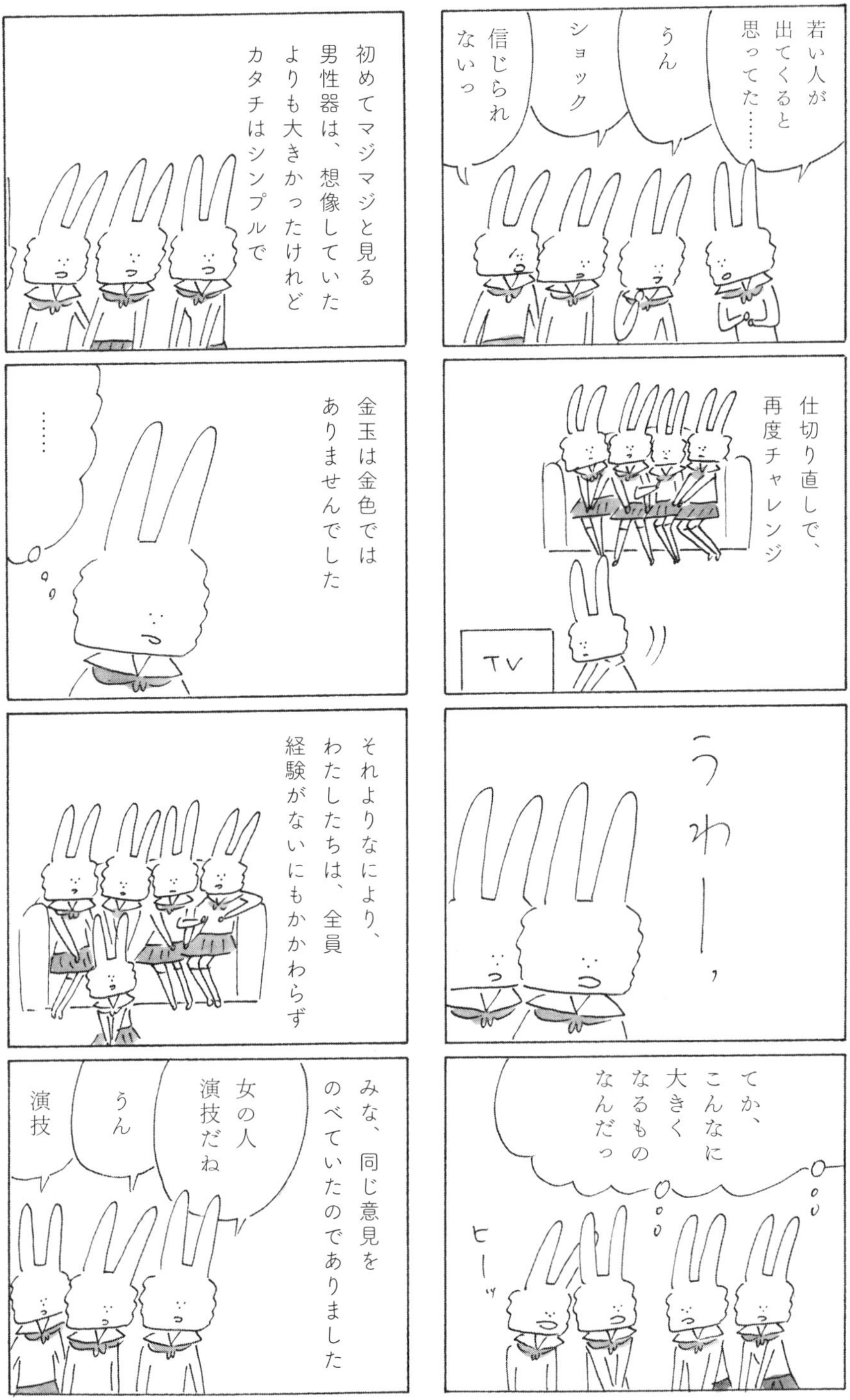
若い人が出てくると思ってた……
うん
ショック
信じられないっ
仕切り直しで、再度チャレンジ
TV
うわー,
てか、こんなに大きくなるものなんだっ
ヒーッ
初めてマジマジと見る男性器は、想像していたよりも大きかったけれどカタチはシンプルで
金玉は金色ではありませんでした
……
それよりなにより、わたしたちは、全員経験がないにもかかわらず
みな、同じ意見をのべていたのでありました
女の人演技だね
うん
演技

筆を下ろす

小さな友人コミュニティに流通網というか連絡網的なルートが仕上がり、どこからともなく手に入ったAVが定期的にまわってくるようになると、欲が出て、各々が生意気にも「嗜好」を訴えるようになる。今思い返すと、どこかに向かって土下座したい、額《ひたい》から血が出るほど地に頭をこすりつけたい気持ちになるが、顔の不具合や、胸の不足を指摘しつつ、高みからジャーナリスティックに語っていたのである。

オレは認める、いいやオレは認めない、もっとこういうのはないのかと話が膨らんでいくのだが、その内容について、思ったままに語り合えないのがいわゆる「筆下ろしモノ」だった。なんたって、僕らの周りは誰も下ろされていないのだから、眼前に立ちはだかる「下ろし」をどう評価すればいいのか、指標を持てなかったのである。「筆下ろしモノ」は、導入部分の小芝居タイムが長い。当然、本物の童貞ではなく、童貞役の筋骨隆々のAV男優。ともすればタトゥーが時折映り込む。女優が「〇〇くん、初めてなのぉ？」「お姉さんがやさしく教えてあげるからねぇ」と、設定の説明を大根芝居で披露してくる。

その手のセリフやシチュエーションを盛り込みまくることでこちらの興奮をマックスに持っていかせようと試みていたわけだが、この「筆下ろしモノ」についての感想を言い合うのは、とてもデリケートなものだった。そもそもこのリアリティの有無に対して考察を向けられるほどのリアリティを持っていない。まずはいい加減にバカにする。「ったく、こんなのあり得ねーよな」。我に返る。あり得るもあり得ないも、その判断自体、オマエにできるはずがないのだ。そんな環境にリアルに置かれたことなんてないのだから。

体育の授業中に熱中症で倒れてしまった男子学生が保健室で寝ている。目が覚めると、保険の先生が「あっ、起きた？……もう大変だったんだから。無理しちゃダメだよ」。ものすごく顔が近い。照れる生徒。「えっ、あっ、すみません、えっ、あっ、はっ、そうかっ、僕、体操中に倒れて……」「そうよ。でも安心した」「せ、せんせい……」「なぁに？」「ぼ、ぼく、そ、そ、その、先生のことが」。先生、承諾。いざ突入。

めっちゃ早い展開。双方が隠し持っていた目的意識を共有するのが、とても早い。早い、というか粗い。さっきまで倒れていたはずの男子が持ち前の筋骨隆々を活かしたのか、体調、完全復活している。あり得ないシチュエーション。即座に解雇、即座に退学となる事案だが、先生が「あっ、誰か来た。シー」なんて言いながら、カーテンを閉じたまま、声を殺して続行する。こういった「筆下ろし」の存在を今ならば「あり得ねーよな」と力強く笑い飛ばすことが出来るけれど、当時は「あり得ねーよな」と言い切ることによって、なんでオマエがそんなこと言えんだよと、やんや言われるのではないかと怖がった。「やった」ことがないのに、その行為を「あり得ない」と断定してしまっては「では、何ならあり得るのか」を問われることになりかねない。証明するために使えるデータを持たないのだから、数式を提示することが出来ない。あそこで展開されている筆下ろしは現実的ではない、と頭に植え込むが「では現実はどういう感じ？」という問いに一向に答えられない。熟知している者がいない限り、有識者会議は開けまい。

でも、「筆下ろしモノ」の小芝居を小馬鹿にする、というのは、未経験集団の中のコンセンサスにはなっていた。その代わり、詳しく論議してはならぬ。最終的に自分が傷つくことが決まりきっているから。その同意があった。大根芝居同士が見せる「女性優位のシチュエーション」が巧妙なリアリティをつくり上げることはないのだから、知らずともバカにし続けてみせた。

この手の「筆下ろしモノ」は今も量産されているようだが、現代の若き童貞たちは、エロ情報を簡単に仕入れる術をいくらでも有しているだろう。となれば、当事者性を必死に偽装しながら「筆下ろしモノ」を堪能《たんのう》することは少なくなっているのではないか。でも、需要は保たれている。「こんなのあり得ないだろ」という優位性を担保した上で、でもこれはこれで興奮するという産物が生まれ続けている。

あの頃、「筆下ろしモノ」を観ながら、もしかしたらこういうことになることもあるのかもしれないけれどどうなんだろう、と曲がりくねった見解の中に仄かな期待を込めていたことを今になって認めなければならないし、おそらくそれぞれがそう思っていたはずなのだ。でも、それについては、気心知れた仲であっても、隠したままにした。童貞が「筆下ろしモノ」をどう観るかという議題はみんなで一致団結してタブー視していた。それは明示しにくい友情の一種かもしれない。

ビデオの場合、巻き戻してから次の人に回さなければ、頂点に達した場面のまま返却されることになる。これを怠ったがあまりに、友情にヒビが入ったというケースは数知れないと思う。ある時、「筆下ろしモノ」を連絡網のように受け取ると、うっかり巻き戻しが済んでいなかった。再生した場面は、女性教師に制服を概ね脱がされ、Yシャツのみで「気をつけ」させられているシーンだった。笑った。これを明日、みんなに言ってやろうと思ったのだが、それをみんなに伝えることで、じゃあオマエはどうだったんだよ、と詰問されるような気がして、そのことをネタにはしなかった。それもこの作品が「筆下ろしモノ」だったからだ。

鬼門だった。シェアするのが難しかった。慎重になった。エロ方面に対しておおよそ弛《し》緩《かん》していた中学生時代、筆下ろしモノは、静かなプライドがそれぞれに発芽して、隠ぺいに励むべき最たる題材だったのだ。

「わからない」ことが
もどかしくて
はずかしくて
不安で
けれど、
「わかりたくない」
気持ちも
胸の奥にはあり、
そんな、たくさんの
戸惑いとともに

ひとつひとつ
性の扉は開かれていくのです
共学の高校に通い毎日、「男子」と同じ教室にいても
教室にいる「男子」と「性」はうまく結びつかず
Hなこと考えてるなんて信じられない
どうして、
どうしてわたしたちは
このままではいられないんだろうと
淋しくもあったのです

その淋しさとは一体なんなのでしょうか？
それは、
たぶん、
自分自身が世界に組み込まれていることに
気づいてしまった淋しさなのかもしれません
誰かを好きになること
その先にあるもやもや
好きになっちゃったら

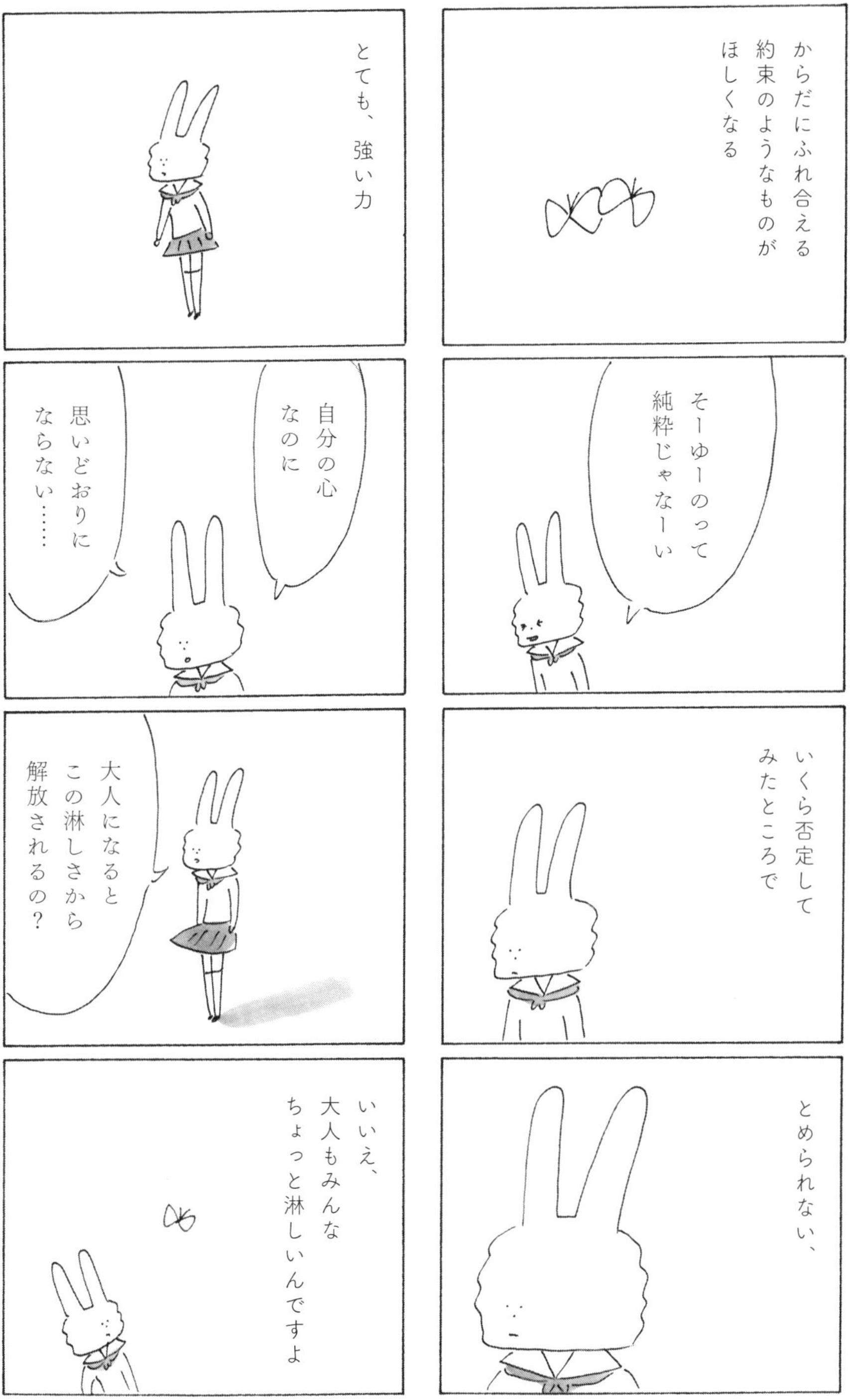
からだにふれ合える
約束のようなものが
ほしくなる
そーゆーのって
純粋じゃなーい
いくら否定して
みたところで
とめられない、
とても、強い力
自分の心
なのに
思いどおりに
ならない……
大人になると
この淋しさから
解放されるの？
いいえ、
大人もみんな
ちょっと淋しいんですよ

性に目覚める

性に限らず、そもそも目覚めるっていうのは、知るってことでいいのだろうか。それともやっぱり、経験するってことなのだろうか。料理に目覚めた、と人に伝える場合、その時点でパエリアを作れる必要はないわけだから、性に目覚めるというのも、超えなければならないハードルが用意されているわけではない。あくまでも自己申告で目覚めるのである。

女子トイレの個室には、便器の横に小さな箱がある。ある、というか、まずは「ある」と噂された。意味よりも先に状態を知らされると、意味を推察し続けることになる。膨らむ想像。姉や妹がいる友達に聞いても「教えないよ〜」と焦らす。答えを開示してもヒーローになれない場合、答えを隠し、事情通を気取るほうがカッコいい。

中学何年生だったか、その日だけ、男子と女子が教室を分けて行なわれた保健体育の授業があって、男子に向けて、先生は「ちんちんをいじるときにはキレイな手でいじるようにしましょう」と、かなり直接的なことを言った。「手にはバイ菌がたくさんあるのでよく手を洗いましょうね」と述べる先生の話はちっとも面白くないのだが、「昨日洗うの忘れちゃったよ！」と誰かが言えば笑いが起こり、「てめー何回やったんだよ！」と続けば笑い声が膨らむ。膨張する「棒」をどう扱うのがベターとか、こうするのはアンタッチャブルとか、詳細を教えてもらった記憶はない。朝方、棒が自然に大きくなるだろう、或いは君たちは意図的に棒を大きくしたりするだろう、そんときには乱暴に扱わないように、清潔に扱うように、という指示をもらった程度。聞かなくても支障のない授業だった。

あの日、女子はどういうアドバイスをもらったのか。どうやらなかなか充実した授業だった、と聞く。あちらの場合、自分の体の変化という大きなテーマなのだから、「勃っちゃってる！」とか「勃ててみた！」に比べれば必然性が違う。女子トイレの中にある箱の正体についてすら答えられない自分たちは、性の目覚めをギャグとして茶化し、無知をごまかし続けてきた。今でもごまかし続けている、とも言える。

漠然とした「イク」なんて状態についても、もちろん知らない。だから茶化した。自らの棒については熟知していても、先方の穴については正しい情報を持たないものだから、あるとき、誰かが持ってきた「穴の奥のほうを押せばイクらしい」という誤報も信じ込まれた。ＡＶが仲間内で流通することで、その到達が基本的には出し入れの反復によってもたらされることを知るわけだけれど、その内情が分かるわけではない。すると、やっぱり男子はギャグに逃げる。男子が下ネタを好きになるのは、下のことを知らないから。「攻撃は最大の防御」、本来の使い方ではないが、無知をギャグでカモフラージュしていた。

約一ヶ月のサイクルで体の変化と否応なしに向き合うことになる女性とは違い、こちらの論点というか争点は「溜まったので出す」とか「溜まってもいないのに出す」とか、備蓄と放出のいずれもが自分の主体的判断に握られていて、ちっとも周辺情報を知らなくとも、性を自己管理できたのである。もっと繊細な議題と向き合った女子たちは、言うならば自分の性は自分ではどうすることもできない側面を持っていると悟らされていたはず。

性について、ちゃんと目覚めるプロセスを、男子は持っていない。性に向き合わなくても、性の熟知を偽装できる。自分も例に漏れず、熟知を装い続けてきた。ったく、そんなん知ってるし、とひけらかしてきた。カルチャー誌のエロ特集では「棒」の日本人平均サイズが太文字で書かれており、ページの端っこに丁寧にも定規として使える目盛りが印刷されていた。でき得る限り根本にめり込ませて測ろうと試みる。股間を傷つけた同輩もいた。調整不足で結果を出せなかったスポーツ選手のように「今日は不本意な結果」とのコメントも頭に思い浮かぶわけだが、友だちから聞かれれば過大申告する。クリアしたよ、余裕っしょ、と。稚拙な性との接し方だが、それが稚拙だとは思ってもいなかったし、そういうカモフラージュが重なることで、対外的に、オレはもう目覚めているという判断を打ち出していた。でも、知らないことはたくさん残されたままだった。

股間をインスタントカメラで撮った奴がいた。「マジ、できあがりが楽しみだ」と笑っていたのだが、どうやら明らかにそれと分かるものは写真屋さんでは現像してくれなかったようで、後々「あれ、どうなった?」と指摘すると、「あれ、デカくて現像してくれなかったんだよね」と言い訳していた。もちろん僕たちは、それは彼がついた嘘だと思ったから、「おまえのが小さいからだろ」と力の限り罵った。彼は「でっかくて写真屋がビビったんだろ」と返した。なんだよコレ。でも、こういうやり取りがひとまず成り立っていた。

色々思い出すと微笑ましくなるが、次に必ず空しくなる。オレは性について知っていると主張したがる意識の暴走が豊富なエピソードを生んだ。女子トイレの個室の便器の横にある小さな箱に何が入っているか、今では知っているけど、開けて見たことはない。見たところでどうもならないだろう。性に目覚めるって一体何なんだろう。「おっ、今日から目覚めた！」という日を確定できる誰かなんているんだろうか。目覚め、というか、見栄っ張り。その見栄っ張りは、まだ完全には解けていない。でもあの頃のように謎を有効活用できない。見栄を張れない。すると空しさが淋しさに変わる。性の目覚めにこびり付いていた緊張感は追体験できない。そのことが淋しい。

おわりに

東京の郊外にある、私立の中高一貫校に通っていた。自分は自転車通学だったのだが、友だちの多くは電車を乗り継いで都心のほうから通っていたので、学校が終わると、家とは逆方向なのに最寄り駅まで自転車を押して一緒に帰った。10分と経たずに駅に着く。採れたてのバカ話とエロ話をしていれば一瞬だ。

じゃあなと別れて、来た道をそのまま戻ると多くの同級生とすれ違うことになるので、人通りの少ない小道を選んで帰る。でもそういう小道には、付き合いの長いカップルや初々しいカップルが身を寄せながら歩いている。突如現れた自分のせいで、つないでいた手が離れる。「明日、英語、あたる日だったっけ?」などと、今言うべき必要のないことを急いで投げて、その場をしのぐ。

家まではそれなりに遠く、30分くらいかかった。そういう日は、採れたての話よりも、遭遇したてのカップルのことばかり考えてしまい、わけもなく猛スピードで自転車を走らせたりした。

家の近くにあるコンビニには、小学校時代の同級生がたむろしていて、少しガラが悪くなってきた彼らと遭遇するのがイヤだったから、ここでもまた小道をすり抜けるようにして帰る。やっぱりそういうところには、知り合いではないにせよ、同い年くらいのカップルが歩いていた。

こういうことばかり続くと、ひとりで自転車を漕ぎながら、いつになったら、自分に何か起きるんだろ、と考えるようになるのだが、いつまでも何も起きなかったから、せめてエロの方面で強者になろうとした。知らないなりに、弾けようとした。多分に勘違いが含まれていようが、精いっぱい吐き出した。結果として、そうやって精いっぱい吐き出している人たちばかりが周りに集まったから、こんなことになった。こんなことになってよかったな、と、今あらためて思っている。

武田砂鉄

著者略歴

益田ミリ（ますだ・みり）

一九六九年大阪府生まれ。イラストレーター。主著に漫画『沢村さん家のこんな毎日』（文藝春秋）、『僕の姉ちゃん』（マガジンハウス）、『お茶の時間』（講談社）など。『すーちゃん』シリーズ（幻冬舎）が二〇一三年に映画化。エッセイに『47都道府県女ひとりで行ってみよう』（幻冬舎）、『そう書いてあった』（ミシマ社）などがある。

武田砂鉄（たけだ・さてつ）

一九八二年東京都生まれ。ライター。出版社勤務を経てフリーに。デビュー作『紋切型社会――言葉で固まる現代を解きほぐす』（朝日出版社）で「第二五回 Bunkamura ドゥマゴ文学賞」を受賞。「第九回（池田晶子記念）わたくし、つまり Nobody賞」を受賞。他の著書に『芸能人寛容論――テレビの中のわだかまり』（青弓社）がある。

せいのめざめ

二〇一七年一月二〇日　初版印刷
二〇一七年一月三〇日　初版発行

著者　益田ミリ
　　　武田砂鉄
発行者　小野寺優
発行所　株式会社河出書房新社
〒一五一-〇〇五一　東京都渋谷区千駄ヶ谷二-三二-二
電話〇三-三四〇四-八六一一（編集）
〇三-三四〇四-一二〇一（営業）
http://www.kawade.co.jp/

ブックデザイン　鈴木成一デザイン室
印刷・製本　中央精版印刷株式会社

Printed in Japan　ISBN978-4-309-02542-1